EL ESPÍRITU SANTO

EL ESPÍRITU SANTO

Edwin H. Palmer

EL ESTANDARTE DE LA VERDAD

EL ESTANDARTE DE LA VERDAD
3 Murrayfield Road, Edimburgo EH12 6EL, Reino Unido
P O Box 621, Carlisle, PA 17013, EE.UU.

Primera edición en inglés por Baker Books: 1974

Segunda edición revisada en español: 2009

ISBN: 978-0-85151-705-6

Traducción: José María Blanch
Revisión: Juan Sánchez Araujo
Diseño de la cubierta: Adriana-Isabel Gutiérrez Lugo

La presente edición se publica en colaboración con
EDITORIAL PEREGRINO, S.L.

Impreso en EE.UU. por
Versa Press, Inc.
East Peoria, IL.

Printed in USA

Índice

Introducción

Pocos temas hay más importantes para el cristiano que el del Espíritu Santo. Porque el Espíritu eterno de Dios es la fuente de la vida espiritual del creyente en Cristo: tanto su origen como su continuidad provienen de Él. El Espíritu Santo es para nuestras vidas espirituales lo que el Creador para este mundo: sin el Dios creador, el mundo nunca hubiera comenzado a existir, y sin su acción constante, sustentadora y preservadora, dejaría de hacerlo. Así también, sin el Espíritu de Dios, el cristiano jamás habría nacido de nuevo, y sin la influencia santificadora y siempre presente del Espíritu, su vida espiritual volvería al estado de muerte del que salió. Un rápido vistazo al índice de materias de este libro mostrará que el Espíritu Santo es indispensable para muchos otros aspectos esenciales de la vida, además de la regeneración y la santificación.

Sin embargo, en la historia de la Iglesia, la doctrina del Espíritu Santo ha recibido, a menudo, poca atención. Ha habido largas controversias, por ejemplo, acerca de la divinidad de Cristo, de la Trinidad, de la gracia, de la expiación y de los sacramentos, pero las controversias acerca del Espíritu Santo han sido breves. Las teologías sistemáticas han tratado de la doctrina del Espíritu en las secciones referentes a la Trinidad y, brevemente, en relación con la vida espiritual del cristiano, pero muy poco se ha hablado de Él en otros aspectos. Cristo despierta más entusiasmo que el Espíritu Santo, y la Navidad más que Pentecostés. El Credo de los Apóstoles dedica seis artículos a Cristo y solo uno al Espíritu, lo cual es indicio del interés de la Iglesia. Algunos hasta han llamado al Espíritu Santo el "Dios desconocido".

Fue la Iglesia de la Reforma la que dio un gran impulso al estudio del Espíritu: los reformadores, en oposición a las teorías de Roma, subrayaron que lo necesario para interpretar correctamente la Biblia no era la Iglesia, sino el Espíritu Santo, el cual iluminaba la mente del hombre. Asimismo, objetando a la enseñanza de Roma de que era indispensable el sacerdote para aplicar al hombre el sacrificio incruento de Cristo en la misa, Lutero y Calvino afirmaron la necesidad del Espíritu Santo para hacer efectivo el sacrificio de Jesús en nuestras vidas. Pero fue sobre todo el descubrimiento, por parte de Calvino, de la doctrina bíblica de la gracia soberana lo que requirió una gran insistencia en la enseñanza acerca del Espíritu Santo. Calvino subrayó tanto la total depravación del hombre como la elección incondicional por parte de Dios; lo cual implicaba, naturalmente, que para que Dios llevase a cabo su elección soberana, el Espíritu Santo debía actuar poderosamente en las vidas de los elegidos.

Quizá los dos estudios más profundos acerca del Espíritu Santo sean el del teólogo inglés John Owen, en el siglo XVII, y el que produjo en el siglo pasado el teólogo y estadista holandés Abraham Kuyper, ambos en línea con la tradición reformada. Estos libros son, sin embargo, tan voluminosos y detallados que muy pocos se toman el tiempo de leerlos.

En tiempos más recientes ha habido un interés creciente por estudiar la acción del Espíritu Santo; un esfuerzo que, sin embargo, ha ido dirigido principalmente al análisis de dicha acción en la vida cristiana —es decir, en la regeneración y la santificación— en detrimento de la acción más extensa del Espíritu en toda una gama de aspectos diversos. Además, hemos sido testigos de algunas aberraciones en cuanto a la doctrina bíblica del Espíritu.

Por ello, dada la importancia del tema, el descuido relativo del mismo y la carencia de un estudio popular, bíblico y actual del Espíritu Santo con un enfoque que se extienda más allá de la vida cristiana, hemos escrito este libro.

Deseo expresar mi agradecimiento al Profesor R.B. Kuiper por sus excelentes consejos acerca del manuscrito. Mi esposa ha sido también de una ayuda incalculable con sus sugerencias en cuanto al fondo y la forma del libro y en su labor como secretaria.

EDWIN H. PALMER

1

El Espíritu Santo y la Trinidad

En este libro deseamos examinar sobre todo la acción múltiple del Espíritu Santo. Antes de ello, sin embargo, es necesario reflexionar acerca de quién o qué es el Espíritu Santo. De ahí que dediquemos este capítulo inicial al Espíritu Santo y la Trinidad.

Haremos cuatro afirmaciones respecto a este Espíritu. La primera es que...

1. EL ESPÍRITU SANTO ES UNA PERSONA

Uno de los rasgos distintivos del cristiano es creer en el Espíritu Santo como persona. Desde los primeros tiempos de la Iglesia hasta el modernismo actual, ha habido quienes han negado la personalidad del Espíritu en una forma u otra. Muchos predicadores y teólogos llamados cristianos hablan del Espíritu no como "Él", sino como "Ello". Ven en el mismo una influencia, un poder o una energía impersonal, no a la tercera persona de la Trinidad. Si esto fuera así, nos veríamos privados de algunas de las mayores bendiciones de nuestra salvación; además, no es bíblico.

La Biblia nos revela de diversas maneras que el Espíritu es una persona. Ante todo, le atribuye mente, voluntad y emociones, que son características exclusivas de las personas. Los objetos impersonales no tienen estas cualidades, pero el Espíritu de Dios sí las posee. Pablo da por sobrentendido que el Espíritu tiene mente cuando escribe: "El Espíritu todo lo escudriña, aun lo profundo de Dios. Porque ¿quién de los hombres sabe las cosas del hombre, sino el espíritu del hombre que está en él? Así también nadie conoció las cosas de Dios, sino el Espíritu de Dios" (1 Co. 2:10,11). El Apóstol atribuye conocimiento al Espíritu Santo, y el conocimiento lo tiene una persona, pero no una influencia o un poder. La Biblia también describe al Espíritu como poseedor de la cualidad personal de la voluntad. Leemos que cuando Pablo, Silas y Timoteo querían ir a Bitinia, "el Espíritu no se lo permitió" (Hch. 16:7); y, en 1 Corintios 12:11, Pablo nos dice que el Espíritu daba muchos dones a los cristianos, "repartiendo a cada uno en particular, como él quiere". En cuanto a emociones, Efesios 4:30 da por sentado que el Espíritu puede apesadumbrarse, ya que nos manda: "No contristéis al Espíritu Santo".

La Biblia también nos revela que el Espíritu es una persona al colocarlo al lado de otras personas. Sabemos, por ejemplo, que el Padre y el Hijo son personas y, por ello, cuando Jesús habla de bautizar a los discípulos "en [dentro de] el nombre del Padre y del Hijo y del Espíritu Santo" (Mt. 28:19), está indicando que el Espíritu Santo también lo es, al igual que el Padre y el Hijo. Santiago, dando ciertas instrucciones a la Iglesia primitiva, escribió: "Porque ha parecido bien al Espíritu Santo, y a nosotros, no imponeros ninguna carga más que estas cosas necesarias" (Hch. 15:28). Es evidente que considera al Espíritu Santo como una persona capaz de los mismos pensamientos e ideas que tenían los apóstoles y él mismo.

Además, sería una redundancia sin sentido decir que Jesús regresó del desierto "en el poder del Espíritu" (Lc. 4:14) si el Espíritu fuera simplemente un poder impersonal (lea de nuevo la frase, poniendo en lugar de *poder,* la palabra *espíritu*).

¡Cuán agradecidos debemos estar por el hecho de que el Espíritu sea una persona! Porque, precisamente por ser persona, puede convencernos de pecado y con ello guiarnos a Dios, morar dentro de nosotros y darnos poder sobre el pecado e iluminar nuestra mente para que entendamos la Biblia, conducirnos a descubrir la voluntad de Dios, dirigirnos en la oración y llamar a ministros, ancianos y diáconos para que sean oficiales de la iglesia.

Como el Espíritu Santo es una persona, también podemos reaccionar frente a Él de manera desfavorable: resistirnos a Él, agraviarlo, despreciarlo y blasfemarlo. Esto le desagrada y con toda seguridad nos causará daño. ¡Ojalá nunca neguemos la personalidad del Espíritu, sino que creamos en Él y experimentemos las bendiciones que dicha fe conlleva!

2. EL ESPÍRITU SANTO ES UNA PERSONA DIVINA

Hay quienes han creído que el Espíritu Santo es una persona pero lo han considerado como personalidad creada y no como Dios mismo. Se han dado cuenta de que el Espíritu no es un "algo" impersonal, pero lo han entendido como inferior al Padre. La Biblia, sin embargo, atribuye al Espíritu Santo no solo características personales sino también cualidades divinas, y esos atributos divinos indican que el Espíritu Santo es Dios.

Según las Escrituras, el Espíritu de Dios es omnipotente, porque desempeña un papel en la Creación (Gn. 1:2), en la providencia (Sal. 104:30), en la concepción sobrenatural de Jesús (Lc. 1:35), en la regeneración y en el dotar a cada cristiano de dones espirituales.

Es también omnisciente, como indica Isaías cuando pregunta: "¿Quién enseñó al Espíritu de Jehová, o le aconsejó enseñándole? ¿A quién pidió consejo para ser avisado? ¿Quién le enseñó el camino del juicio, o le enseñó ciencia, o le mostró la senda de la prudencia?" (Is. 40:13,14). Y Pablo nos quiere enseñar lo mismo cuando escribe que "el Espíritu todo lo escudriña, aún lo profundo de Dios" (1 Co. 2:10).

Además, se puede describir al Espíritu Santo como omnipresente. El Salmista, elocuentemente, pregunta: "¿A dónde me iré de tu Espíritu? ¿Y a dónde huiré de tu presencia?" (Sal. 139:7). Dice con ello que nunca puede eludir la presencia del Espíritu, ni siquiera si asciende al cielo o desciende al Seol, o huye hacia el océano, o se esconde en la negrura de la noche. El Espíritu está en todas partes... En el Nuevo Testamento leemos que el Espíritu mora en los creyentes, y el hecho de que los cristianos sean tantos en número no le impide estar presente en cada uno de ellos. Si Hebreos 9:14 se puede interpretar en el sentido de que

Cristo se ofreció a sí mismo "mediante el Espíritu eterno", es decir el Espíritu Santo, entonces estamos ante un pasaje que atribuye a este la cualidad divina de la eternidad.

Otra prueba de la divinidad del Espíritu se encuentra en el hecho de que tanto el Antiguo como el Nuevo Testamento alternan a veces las expresiones "dijo el Espíritu" y "dijo Jehová".

Finalmente, el simple hecho de unir el nombre del Espíritu Santo con los nombres del Padre y del Hijo, como en la gran comisión (Mt. 28:19) o en la bendición apostólica (2 Co. 13:14), muestra que se coloca al Espíritu en el mismo nivel que las otras dos personas de la Trinidad y, por consiguiente, se le considera divino. Sería sumamente ilógico unir el nombre de un ser creado con el de la Divinidad en expresiones tan estrechamente trabadas.

La divinidad del Espíritu Santo es un hecho importante para nosotros: si Él no fuera Dios, no podría llevar a cabo su maravillosa obra en la Creación, ni ejercer su autoridad en la inspiración, ni efectuar su tarea iluminadora en la mente del hombre. Tampoco hubiera podido superar nuestra depravación para regenerarnos, morar en nosotros y santificarnos. Debemos sentirnos agradecidos de que Él no sea un ser finito, sino una persona divina.

3. EL ESPÍRITU SANTO ES UNA PERSONA DIVINA DISTINTA DEL PADRE Y DEL HIJO

En la historia de la Iglesia ha habido quienes han creído en la personalidad del Espíritu Santo y en su divinidad, pero que han insistido tanto en la unidad de la Trinidad que han llegado a negar que hubiese tres personas distintas en Dios. En el siglo III, hubo quienes describieron a Dios como quien actuó en la Creación como Padre, en la Historia como Hijo y, finalmente, se manifiesta como Espíritu Santo. Según su punto de vista, no había simultáneamente tres personas en la Deidad, sino que al único Dios se le llamaba Padre en una época, Hijo en otra y Espíritu en un tercer período; o también que el Padre se había transformado primero en Hijo y luego en Espíritu Santo.

Las teorías así se apartan de la revelación de la Escritura, ya que ciertos textos bíblicos señalan bien claramente que hay tres personas distintas y no simplemente tres manifestaciones diferentes del mismo Dios. En el bautismo de Jesús, por ejemplo, la voz del Padre resonó desde el Cielo diciendo: "Este es mi Hijo amado, en quien tengo complacencia"; y en ese mismo momento el Espíritu descendió sobre Jesús en forma de paloma. La manifestación simultánea de estas tres personas hace imposible interpretar a la Deidad simplemente como una unidad. Y lo mismo se puede decir de la afirmación de Jesús: "Y *yo* rogaré al *Padre,* y os dará *otro Consolador,* para que esté con vosotros para siempre" (Jn. 14:16). De igual modo, Hechos 2:33 distingue claramente entre las tres personas de la Deidad:

> "Así que, exaltado por la diestra de Dios, y habiendo recibido del *Padre* la promesa del *Espíritu Santo,* [Cristo] ha derramado esto que vosotros veis y oís".

Es una bendición grande el tener un Dios que no es una persona sino tres y constituye una Trinidad abundante. Porque no solo hay un Padre que nos ama y cuida de nosotros, sino también un Cristo que trajo salvación e intercede por nosotros, y un Espíritu Santo que mora dentro de nosotros y aplica la salvación a nuestra vida.

4. EL ESPÍRITU SANTO PROCEDE DEL PADRE Y DEL HIJO

Entre las tres personas de la Trinidad hay una relación y un orden concretos. Del hecho de que las tres personas sean igualmente Dios, no debe deducirse que sean lo mismo. Cada una de ellas tiene propiedades peculiares y relaciones exclusivas con las otras. Entre la primera y la segunda personas, por ejemplo, existe la relación de Padre e Hijo. Desde toda la eternidad, el Padre engendró al Hijo. El Espíritu Santo no engendró al Hijo, sino solo el Padre.

Del mismo modo, hay una relación inmutable entre el Espíritu Santo y las otras personas de la Deidad: el Espíritu Santo procede eternamente del Padre y del Hijo. Es difícil describir qué significa la *procesión* del Espíritu de Dios: no se puede hacer mucho más que repetir las palabras de la Escritura, ya que esta no explica el término en cuestión. Pero es significativo que la Biblia no diga que el Espíritu Santo fuera engendrado por el Padre, como lo fue Cristo, ni que lo haya sido por Cristo mismo; en tal caso, como lo indicaron los padres de la Iglesia, el Espíritu hubiera sido bien hermano de Cristo o bien nieto del Padre.

Pero la Biblia omite expresamente el término *engendrado* en relación con el Espíritu Santo. Como bien dice el Credo Atanasiano, no fue "ni hecho, ni creado, ni engendrado, sino que procede". Este verbo *proceder* lo utiliza Jesús en Juan 15:26, cuando dice: "Pero cuando venga el Consolador, a quien yo os enviaré del Padre, el Espíritu de verdad, el cual procede del Padre, él dará testimonio acerca de mí".

El nombre del Espíritu ofrece también otro indicio en cuanto a su relación intratrinitaria: porque así como el nombre *Padre* muestra su relación con el Hijo, y el nombre *Hijo* describe su relación con el Padre, así también el nombre *Espíritu* indica su relación con las otras dos personas, una relación que consiste en ser *espirado* o exhalado.

Se debe recordar, sin embargo, que si bien el Espíritu "procede de" o "es espirado por" el Padre y el Hijo, sigue siendo plenamente Dios. Su procesión no quiere decir que sea inferior al Padre y al Hijo; del mismo modo que el que el Hijo haya sido engendrado tampoco significa que no esté en un plano de igualdad con el Padre. El secreto se halla en el hecho de que el Espíritu fue *eternamente* espirado, del mismo modo que el Hijo fue *eternamente* engendrado. Nunca hubo un tiempo cuando el Espíritu no hubiese sido espirado: ha coexistido eternamente con el Padre y el Hijo. Decir que "procedió de" o "fue espirado por" el Padre y el Hijo no implica que sea menos Dios; solo nos habla de la relación que sostiene eternamente con las otras dos personas de la Trinidad.

También debería advertirse que el Espíritu procede tanto del Padre como del Hijo, y no solo del Padre. El hecho de que proceda del Padre es obvio por Juan 15:26, pero no se ve tan claro que también lo haga del Hijo. Sin embargo, esto se puede deducir de los pasajes que nos hablan de que Jesús envía al Espíritu al mundo y lo espira en sus discípulos (Jn. 15:26; 16:7; 20:22). La espiración temporal implica una espiración eterna: refleja cierta autoridad que el Hijo posee aun en las relaciones intratrinitarias. Además, al Espíritu no solo se le llama "Espíritu del Padre" sino también "Espíritu del Hijo" (Gá. 4:6), "Espíritu de Cristo" (Ro. 8:9) y "Espíritu de Jesucristo" (Fil. 1:19).

Esta relación del Espíritu con las otras dos personas explica el por qué al Espíritu Santo se le considera la tercera persona de la Trinidad y no la primera o la segunda. El Padre es primero, porque engendra al Hijo; el Hijo es la segunda persona, porque es engendrado; y el Espíritu constituye la tercera, porque procede tanto del Padre como del Hijo.

Es destacable que este mismo orden de la Trinidad se revele en la Historia, de modo que el Espíritu Santo no adquiere un papel prominente sino después de que las otras dos personas han ocupado el primer plano. Desde el tiempo de la Creación hasta la época de Cristo, el Padre desempeñó el papel prominente en el mundo: Él fue quien recibió la gloria principal en la Creación y con quien tuvo que relacionarse especialmente el Israel del Antiguo Testamento. Cuando vino Cristo, el Padre dejó de ocupar una posición tan conspicua, el Espíritu Santo aún no había aparecido en toda su plenitud y Cristo desempeñó el papel más prominente. Después de la encarnación, sin embargo, Cristo ascendió a los cielos y la tercera persona de la Trinidad apareció en escena más que las otras. Así, pues, como las tres personas tienen un orden definido en la Trinidad, ese mismo orden se manifiesta en la Historia; de modo que cada persona aparezca en ella en el mismo orden que ocupa en la Divinidad.

También se observa lo siguiente: que como el Espíritu Santo es espirado por el Padre y por el Hijo en la Trinidad, resulta lógico que sea a Él a quien se exhale sobre la Iglesia en Pentecostés, y no al Padre o al Hijo. Esto corresponde al hecho de que, como la segunda persona es Hijo en la Trinidad debe ser también el Hijo encarnado en la Tierra; así como que, puesto que la primera persona en la Trinidad es Padre, sea asimismo el Padre de los creyentes.

He aquí, pues, algunos de los aspectos de la relación del Espíritu Santo con las otras dos personas de la Trinidad. Si bien no entendemos mucho acerca de esta relación, no deberíamos pasar por alto lo que el Espíritu ha revelado acerca de ella sino, por el contrario, regocijarnos de que haya guiado a su Iglesia a una definición de su persona y de su relación con las otras dos personas por muy limitada que sea dicha definición. Porque cada uno de los aspectos de su revelación tiene un propósito y no debe pasarse por alto.

Las consecuencias de la doctrina de la exhalación del Espíritu de Dios han sido de gran alcance. En el año 1054 la Cristiandad se dividió en dos: la Iglesia católica romana y la Iglesia ortodoxa oriental. Si bien esta división se debió a muchos factores, una piedra de tropiezo fue que los cristianos orientales creían que el Espíritu Santo procede solo del Padre, en tanto que las iglesias occidentales confesaban, con el Concilio de Toledo (589), que el Espíritu procede del Padre "y del Hijo" (*Filioque*). A causa de estas diferencias, el Oriente se separó del Occidente. Actualmente la Iglesia oriental tiene más de 160 millones de miembros. Así, pues, esta doctrina tiene enormes efectos prácticos; y si los padres de la Iglesia no la hubieran formulado hace 1500 años, podría haber seguido siendo un tema candente que afectara a nuestras vidas como miembros de la Iglesia. Por consiguiente, debemos estar agradecidos por el conocimiento que el Espíritu Santo nos ha dado en esta materia.

Además, como ha señalado perspicazmente Abraham Kuyper, el negar el *Filioque* conduce a un misticismo enfermizo, ya que tiende a aislar la obra del Espíritu Santo en nuestras vidas de la acción de Jesús. La redención por Cristo pasa a un plano secundario, en tanto que la acción santificadora del Espíritu ocupa el primer plano. Se subraya cada vez más la obra del Espíritu en nuestra vida, lo cual tiende a conducir a una cierta independencia de Cristo, de la iglesia y de la Biblia. La santificación puede descollar mucho más que la justificación; la comunión subjetiva con el Espíritu mucho más que la vida objetiva de la iglesia; y la iluminación por el Espíritu más que la Palabra. Kuyper cree que, de hecho, esto es lo que ha sucedido hasta cierto punto en la Iglesia oriental como consecuencia de negar que el Espíritu proceda del Hijo tanto como del Padre.

Vemos, pues, que las extensas disputas teológicas que se llevan a cabo en los concilios y los sínodos de la Iglesia tienen a veces gran influencia. Sus decisiones llegan desde las altas esferas hasta los miembros, aun cuando los debates corran el riesgo de cargarse de sutilezas. Hemos de mostrarnos agradecidos por la Revelación preciosa que el Espíritu Santo ha dado de su propio lugar en la Trinidad, pero no deberíamos contentarnos con un simple conocimiento intelectual del asunto. Antes bien, edificando sobre ello, tenemos que esforzarnos por conocer en forma personal y por propia experiencia al Espíritu y sus acciones. Este es el propósito por el que se han escrito los capítulos siguientes.

2

El Espíritu Santo y la Creación

Nuestro estudio del Espíritu Santo siempre debería ser práctico. La Revelación de Dios no tuvo como finalidad simplemente satisfacer nuestro deseo de conocer mejor los aspectos más profundos de Dios, sino guiarnos tanto a glorificarle a Él por su grandeza como a experimentar un crecimiento espiritual mayor. Solo un conocimiento preciso del Espíritu Santo en todas sus actividades nos pondrá en condiciones de alcanzar estos fines. Si existe confusión en nuestra mente en cuanto a quién es el Espíritu Santo o a lo que hace, nos veremos impedidos de glorificar plenamente al Espíritu y de experimentar con plenitud su obra múltiple en nosotros. Por consiguiente, pasamos ahora a estudiar la *obra* del Espíritu.

Ante todo, es necesario cuidarnos de un error: no debemos limitar la obra del Espíritu Santo a la regeneración y la santificación del creyente. Así ocurre cuando se considera la salvación en un sentido estrecho, como si fuera lo más importante de este mundo; cuando comenzamos y concluimos con el hombre, su pecado, su condenación eterna y su necesidad de salvación por Cristo. Nuestra visión en este caso es eminentemente antropocéntrica (centrada en el hombre) y no teocéntrica (centrada en Dios). Entonces nos preocupamos casi exclusivamente de la salvación, la oración, la lectura de la Biblia y asuntos relacionados con el domingo y las reuniones de oración. Si adoptamos este punto de vista, es natural pensar en el Espíritu Santo en función del hombre y de su experiencia cristiana y, en consecuencia, restringir la actividad del Espíritu a estas cosas.

Este, sin embargo, no es el enfoque bíblico: la Biblia comienza con Dios y no con el hombre. Es teocéntrica y no antropocéntrica. Da a Dios toda la gloria y lo sitúa siempre en el marco que va desde la eternidad hasta la eternidad, lo que incluye los días de entre semana. No se limita solo a un aspecto de la vida, sino que Él es el Señor soberano de todas las cosas —absolutamente todas— de este universo. Por consiguiente, la obra del Espíritu Santo no se puede restringir exclusivamente a la santificación: Él tuvo, tiene, y tendrá participación en la creación de este mundo, en la providencia, en la revelación, en la encarnación, en la redención, en la santificación y en todos los acontecimientos hasta el Día del Juicio. Por esta razón en el presente estudio no limitamos nuestra reflexión a la obra del Espíritu en la regeneración o la santificación: porque no es una exposición de la obra del Espíritu Santo en cuanto a la santificación solamente, sino acerca de su obra completa.

1. LA OBRA DE LA TRINIDAD EN LA CREACIÓN

En este mundo existen funciones y obras especiales que hicieron cada una de las personas de la Trinidad distintas de aquellas de las otras dos. Cuando consideramos la Creación, por ejemplo, pensamos sobre todo en el Padre y no en el Hijo o en el Espíritu Santo. En la Cruz, sin embargo, fue Cristo quien murió y no el Padre ni tampoco el Espíritu. Jesús llegó a distinguirse allí del Padre cuando exclamó: "Dios mío, Dios mío, ¿por qué me has abandonado?", y "Padre, en tus manos encomiendo mi espíritu". Cuando pensamos en la santificación y en la ejecución de la salvación en nuestra vida, no pensamos especialmente en el Padre ni en el Hijo, sino en el Espíritu Santo: es este quien mora en el cristiano. De hecho, debido a la negligencia de estas distinciones, algunas personas que se sienten angustiadas y ansiosas acuden al Padre o a Cristo para pedir consuelo, cuando, en realidad, deberían acudir al Espíritu Santo, quien es el Santo Consolador.

Con todo, y al mismo tiempo, hay un sentido en el que no podemos separar a las tres personas. Aunque pensamos en el Padre sobre todo como Creador, sin embargo, debido a la unidad básica y esencial que existe en la Trinidad, también se dice que el Hijo y el Espíritu Santo crearon. Si bien es evidente que fue el Hijo el que murió en la Cruz, no obstante, en cierto sentido también el Padre estaba allí, porque Jesús pudo expresar: "Yo y el Padre somos uno". Y aunque es perfectamente bíblico afirmar que el Espíritu Santo es quien mora en nuestro corazón, sin embargo Cristo aseguró acerca del cristiano: "Mi Padre le amará, y vendremos a él, y haremos morada con él" (Jn. 14:23); y Pablo, a su vez, pudo afirmar: "Vive Cristo en mí" (Gá. 2:20). Estas cosas pueden ser ciertas por la sencilla razón de que, en la Trinidad, si bien hay personas distintas, también existe una unidad básica, ya que las tres personas son uno.

Al considerar este punto, sobre todo en relación con el tema de la Creación, siempre debemos tener presente este equilibrio perfecto aunque no lo podamos explicar en forma cabal: el equilibrio entre, por un lado, la diversidad de la Trinidad y su obra en este mundo y, por otro, la unidad básica entre las tres personas. No podemos separar a estas como si una de ellas pudiera actuar sola sin las otras; y, sin embargo, podemos según la Biblia atribuirle a cada una, en cuanto es distinta de las otras dos, ciertas características y una determinada tarea especial.

En general, las Escrituras indican que la obra de la Trinidad es aquella del Padre, por medio del Hijo, y para el Espíritu Santo. El Padre origina, el Hijo ejecuta y el Espíritu Santo perfecciona la obra. En la Redención, por ejemplo, es el Padre quien ha amado tanto al mundo "que ha dado a su Hijo unigénito" (Jn. 3:16). Efesios 1:4, por su parte, nos habla de que fue el "Padre de nuestro Señor Jesucristo" quien amó a los elegidos y los predestinó para ser adoptados como hijos en Cristo Jesús. La Biblia atribuye el "amor de la elección" al Padre, y no al Hijo o al Espíritu Santo. Y fue el Hijo quien llevó a cabo esa redención en el tiempo. No fueron ni el Padre ni el Espíritu Santo quienes vinieron al mundo, sino el Hijo. Por ello la redención es "por el Hijo". Del mismo modo, es el Espíritu Santo quien aplica esta redención a la vida del cristiano y la completa. La redención es "para el Espíritu Santo". Así, pues, la obra de la redención se puede decir que es "del Padre, por medio del Hijo, y para el Espíritu Santo".

Las mismas distinciones que se encuentran en la Redención pueden verse también en la Creación. El universo creado también es del Padre, por medio del Hijo, y para el Espíritu Santo. La Biblia indica que las personas de la Trinidad no desempeñaron la misma función en la Creación. Más bien nos dice: "Sólo hay un Dios, el Padre, del cual son todas las cosas [...], y un Señor Jesucristo, por medio del cual son todas las cosas" (1 Co. 8:6). Adviértase que todas las cosas son "del" Padre, pero "por medio del" Hijo. Lo que se indica con ello es que el Padre es la fuente de todas las cosas y el Hijo quien, utilizando dichas cosas, construyó el mundo. Romanos 11:36 habla en una forma semejante cuando emplea tres preposiciones diferentes en la afirmación: "Porque *de* él, *y por* él, *y para* él, son todas las cosas". Y Hebreos 1:1,2 se expresa en el mismo sentido al decir que "Dios, habiendo hablado muchas veces y de muchas maneras en otro tiempo [...] en estos postreros días nos ha hablado por el Hijo [...] *por* quien asimismo hizo el universo". Juan 1 y Colosenses 1 también mencionan que el mundo fue creado "por el Hijo" y "en él". Mientras que en otros pasajes, como veremos oportunamente, la Biblia habla del Espíritu Santo perfeccionando la obra del Padre y del Hijo.

En su obra *El Espíritu Santo,* Abraham Kuyper ejemplificó esta idea al comparar la creación del universo con la construcción del palacio de un rey. El rey suministra los materiales para el palacio, pero es el contratista quien construye. Así, en la Creación, el Padre, como rey, es la fuente de donde emanan las cosas creadas de la nada. El Hijo, como el contratista, es quien, tomando los materiales suministrados, construye el universo. Y el Espíritu Santo es aquel que añade a la obra del Hijo y la completa, haciendo realidad las potencialidades y asegurando que la misma se desarrolle según su naturaleza.

En todo esto, sin embargo, como hemos visto, debemos recordar la unidad sustancial de todas las personas de la Trinidad y no separar la actividad de las mismas, de forma que en cierto sentido las tres personas están simultáneamente activas tanto en la obra de la Redención como en la Creación. Comprender esto de manera perfecta es imposible: se trata de un misterio. Con todo, podemos tratar de entender y de describir la obra de la Trinidad en la medida que nos lo permita la Revelación bíblica.

2. LA OBRA DEL ESPÍRITU SANTO EN LA CREACIÓN

Con estas distinciones trinitarias como base para nuestra reflexión, podemos considerar ahora lo que dice la Biblia en forma más directa acerca de la obra del Espíritu Santo en la Creación. Se pueden mencionar por lo menos cinco aspectos diferentes de esta obra.

A. Cuando examinamos la historia de la Creación en Génesis 1, advertimos que la tarea del Espíritu no consiste en crear los materiales del mundo de la nada, sino que su obra viene después de esto. En Génesis 1:1,2 leemos: "En el principio creó Dios los cielos y la tierra. Y la tierra estaba desordenada y vacía, y las tinieblas estaban sobre la faz del abismo". Solo después de esto, una vez que se hubo creado el universo de la nada, menciona la Biblia la actividad del Espíritu cuando dice: "Y el Espíritu de Dios se movía sobre la faz de las aguas". Lo que se da a entender es que el Padre, quien aun dentro de la Trinidad es el "manantial y fuente" del Hijo y del Espíritu Santo, lo es también del universo material, habiéndolo creado de la nada; y que después que esto se hubo llevado a cabo, el Espíritu Santo se movió sobre la faz de las aguas, estableciendo cierto orden entre lo que ya estaba hecho. Él no creó el mundo, sino que extrajo las potencialidades que este ya tenía, y hasta implantó las semillas y los gérmenes de vida, como veremos en un momento.

B. El Salmo 33:6 y Job 26:13 nos dan otra indicación de la obra perfeccionadora del Espíritu Santo, esta vez en el embellecimiento de los cielos. El Salmista nos dice que "por la palabra de Jehová fueron hechos los cielos, y todo el ejército de ellos por el aliento de su boca". Como vimos en el capítulo 1, *Espíritu* significa *aliento*, y el Espíritu Santo es exhalado por el Padre y por el Hijo. Por consiguiente es justificable traducir *aliento* por *Espíritu* en este Salmo. El significado sería que Jehová creó los cielos, y el Espíritu actuó produciendo las huestes de los mismos: las estrellas, los planetas, la Luna y Sol. Job 26:13 no indica necesariamente que el Espíritu creara las huestes, pero sí que hizo que estas fueran hermosas, porque dice Job: "Su espíritu adornó los cielos"; y *adornar* significa *hermosear.* Con ello Job nos está diciendo que el Espíritu tomó los cielos que ya habían sido creados por Dios y los hizo ser hermosos como los vemos ahora, con las constelaciones, la Vía Láctea, los planetas que reflejan la luz del Sol, los colores diferentes de las estrellas, las dimensiones de la Luna y la estabilidad de su luz, y el brillo del Sol. En otras palabras, así como en Génesis 1:2 se indicaba que el Espíritu perfeccionó el mundo que había sido creado, ahora se nos explica que el Espíritu Santo dio los retoques finales a los cielos, extrayendo de las huestes celestiales la gloria y belleza cuya posibilidad existía en las mismas.

C. El Salmo 104 nos habla de otro aspecto de la actividad creadora del Espíritu Santo: el dar vida a pájaros, peces y animales. Este hermoso Salmo de la providencia de Dios atribuye todos los fenómenos de la Naturaleza a Dios mismo, afirmando que Él es quien controla todas las cosas y que todas las cosas dependen de Él. Los asnos salvajes sacian la sed en los manantiales que Dios abre; el rebaño come la hierba que Dios hace crecer; los pájaros hacen sus nidos en los cedros del Líbano que Dios planta; el rugiente león busca su alimento de Dios; y hasta el leviatán en el mar espera de Dios su sustento. Todas las bestias y criaturas vivientes, grandes y pequeñas, dependen de Él para subsistir. Como dice el Salmista en el versículo 29: "Escondes tu rostro, se turban; les quitas el hálito, dejan de ser, y vuelven al polvo". Pero es también Dios, y más en concreto el Espíritu Santo, quien da vida; porque el Salmista sigue diciendo: "Envías tu Espíritu, son creados, y renuevas la faz de la tierra" (v. 30). Así, pues, el Salmista indica que el Espíritu Santo es quien da vida a todas las criaturas vivientes: a las cigüeñas en los árboles, a las cabras salvajes en la montaña, y a los leviatanes en los grandes océanos: a pájaros, bestias, y peces.

La Biblia, pues, nos induce a considerar la actividad creadora del Espíritu Santo, no en el sentido de hacer algo de la nada, sino en el de impartir vida a lo que ya ha sido creado, en armonía con lo que descubrimos en Génesis 1 y Job 26:13.

D. Este mismo Salmo 104 muestra indicios también de que aun la vegetación recibe su vida del Espíritu. El versículo que acabamos de citar dice: "Envías tu Espíritu, son creados, y renuevas la faz de la tierra". La última parte de este versículo no menciona explícitamente al Espíritu Santo como el que renueva la tierra; sin embargo, como está íntimamente unida a la primera parte del mismo versículo (donde sí se menciona al Espíritu Santo), como Él da vida a los animales al igual que a los hombres (como veremos en un momento) y cómo, en general, su obra no es la del que origina sino la del que perfecciona, se puede deducir con cierta confianza que es el Espíritu quien también renueva la tierra. El significado, pues, de este versículo es que, si bien en toda la Creación, después de la caída del hombre, está la semilla de la muerte —de modo que la vegetación, los animales y el hombre mismo morirán a su debido tiempo—, sin embargo, por la constante actividad creadora del Espíritu Santo, este proceso de deterioro y muerte queda controlado, y se comunica la vida. No solo da vida de los pájaros, los peces y las bestias, sino que el Espíritu renueva la tierra al hacer que la hierba, las plantas y los árboles crezcan, que se produzcan semillas que contienen vida, las cuales crecerán en su estación. Después de la desolación del invierno, brota nueva vida y la tierra se renueva. Así pues, aun la vida vegetal, tanto en el momento de la Creación como en la actualidad la produce el Espíritu Santo.

E. La culminación de la obra creadora del Espíritu fue y es la creación del hombre. Las palabras de *Eliú* son muy claras, cuando dice: "E1 Espíritu de Dios me hizo, y el soplo del Omnipotente me dio vida" (Job 33:4). Como *soplo* es otro nombre para *Espíritu,* este versículo menciona dos veces al Espíritu Santo en la creación del hombre. La función creadora específica del Espíritu parece ser el dar vida, con lo que se indica otra vez que Él no creó necesariamente la materia, sino que, tomando el polvo de la tierra, sopló en él aliento de vida.

Es interesante advertir que el relato de la creación del hombre en Génesis 2:7 describe este momento con las palabras que dicen:

"Dios [...] sopló en su nariz aliento de vida"; empleando las palabras *soplar* y *aliento,* de las cuales la última es el nombre del Espíritu Santo, y la primera lo contiene. De Job 33:4, que afirma claramente que es la tercera persona de la Trinidad quien da vida al hombre, podemos deducir que Génesis 2:7 nos proporciona también un indicio concreto de que fue el Espíritu Santo, más que el Padre o el Hijo, quien dio y da vida al hombre.

Es, pues, el Espíritu Santo el responsable de la creación del hombre como hombre. El hombre fue hecho *alma viviente,* y no solo animal en movimiento. El Espíritu Santo dio al hombre su ser racional y moral: Él es quien hizo que tuviera mente, voluntad, y emociones. Job 32:8 confirma esta idea en parte, cuando dice: "Ciertamente espíritu hay en el hombre, y el soplo [Espíritu] del Omnipotente le hace que entienda". Y también es el Espíritu Santo quien hizo al hombre bueno, recto, santo y justo.

Estas son las cinco características distintivas de la obra creadora del Espíritu Santo. Si bien debemos velar para no violentar la unidad de las tres personas de la Trinidad, con todo podemos y debemos atribuir a cada persona las funciones peculiares que la Biblia le da. Cuando en una fría noche de invierno veamos en la oscuridad del firmamento las constelaciones conocidas —el brillante Orión, poderoso Cazador, o la débil Pléyade, o a Marte o la Estrella Polar o la Vía Láctea— alabemos al Espíritu Santo por haber adornado así los cielos. Y cuando en primavera veamos la semilla del trigo que brota, las violetas que florecen y el cornejo que echa flor, recordemos que es el Espíritu quien renueva la faz de la tierra. Cuando pesquemos truchas, veamos al ciervo que cruza raudo la pradera y sigamos el vuelo de una graciosa golondrina, recordemos el Salmo 104:29,30: "Escondes tu rostro, se turban; les quitas el hálito, dejan de ser, y vuelven al polvo. Envías tu Espíritu, son creados, y renuevas la faz de la tierra". Cuando, como madres o padres orgullosos, oigamos con emoción el primer llanto de nuestros hijos, recordemos las palabras de Eliú, que dijo: "El espíritu de Dios me hizo, y el soplo [Espíritu] del Omnipotente me dio vida". Estos son los resultados de la actividad creadora del Espíritu Santo, y por todo ello debemos darle gloria.

3. LA OBRA DEL ESPÍRITU SANTO EN LA NUEVA CREACIÓN

Hay una última actividad creadora del Espíritu Santo que debería mencionarse, y es su obra de recreación al regenerar y santificar a los hombres. Trataremos de ella en forma más completa en capítulos posteriores, pero también aquí debe mencionarse, a fin de ofrecer un cuadro completo de la obra del Espíritu en la Creación. Después de que el Espíritu hubiera comunicado al hombre el aliento de vida, dándole justicia, santidad y conocimiento, el hombre cayó de su alto estado original de rectitud: se echó a perder, quedó herido, confundido y hasta espiritualmente muerto. Perdió el auténtico conocimiento y la disposición santa que poseía: dejó de ser aquello que el Espíritu le había hecho.

Pero nuestro buen Dios no dejó al hombre en un estado tan lamentable. Antes bien, por medio de Aquel que le había hecho justo y santo en un primer momento —el Espíritu Santo—, volvió a crear al hombre. El Espíritu Santo lo hizo una nueva criatura en Cristo (2 Co. 5:17). Convirtió a los hombres en "hechura suya, creados en Cristo Jesús para buenas obras" (Ef. 2:10). Lo renovó al poner en él un hombre nuevo —que había sido "creado en la justicia y santidad"— y conocimiento. (Ef. 4:24 y Col. 3:10).

Adviértase la semejanza existente entre la primera Creación y esta creación nueva del hombre por el Espíritu Santo. El Espíritu Santo dio a Adán justicia, una justicia que era inmaculada; así también, en la nueva creación, el Espíritu capacita al hombre para poseer la justicia de Jesucristo que es perfecta. Se trata de una justicia mejor aun que la de Adán, ya que jamás se puede perder; mientras que la de Adán no solo podía perderse, sino que de hecho se perdió.

Así como en la primera Creación el Espíritu Santo hizo al hombre santo en forma individual, también en la segunda creación lo vuelve a hacer así por la regeneración y la santificación.

Adviértase, luego, que como en la creación del mundo el Espíritu Santo no creó de la nada, sino que dio vida, orden y belleza a la tierra muerta, inerte, en tinieblas, desolación y vacío, moviéndose "sobre la faz de las aguas", así también en la nueva creación en Cristo no hay destrucción del hombre pecador y seguidamente la creación de un nuevo hombre de la nada: el Espíritu Santo no crea un alma completamente nueva, sino que, como en la primera Creación, toma lo que ya existe, que ha muerto en el pecado y en el delito (Ef. 2.1), y le comunica vida espiritual en Cristo Jesús, dándole nuevas disposiciones en el alma a fin de que pueda volver a ser aquello que fue en la primera Creación: santo, justo y lleno de verdad.

Finalmente, así como en la Creación el hombre cobró vida al recibir el "aliento de vida", también en la nueva creación se le comunica el Espíritu Santo a la iglesia de Cristo a fin de que el hombre pueda vivir espiritualmente.

De manera que la obra creadora del Espíritu Santo lo abarca todo: tanto lo físico como lo espiritual. Comenzó en una forma especial en la Creación, y prosigue hasta hoy, incluyendo aun la creación misma del nuevo hombre. El propósito de este libro es que todos podamos conocer al Espíritu Santo como Creador, ya sea por primera vez o mientras sigue produciendo justicia y santidad dentro de nosotros.

3

El Espíritu Santo y la gracia común

Una de las actividades menos conocidas del Espíritu Santo, aunque de más alcance, es su obra en la gracia común, que consiste en frenar al réprobo (incrédulo) para que no obre mal, alentarlo a que obre bien y comunicarle cierta capacidad para llevar a cabo tareas culturales.

1. EL PROBLEMA

Para comprender mejor la obra del Espíritu Santo en la gracia común hay que considerar los antecedentes que hicieron necesaria dicha gracia común. Cuando el Espíritu Santo creó al hombre, lo hizo perfecto, le inspiró el aliento de vida y el hombre se convirtió en alma viviente hecha a la imagen del Creador. Como se trataba del Espíritu *Santo,* este dotó al hombre de santidad, justicia y conocimiento: no había maldad alguna en él.

Después de que Adán cayera, tanto él mismo como todo el género humano dejaron ese estado primitivo de justicia moral. Por el contrario, su naturaleza se volvió depravada. La Biblia nos dice que la naturaleza del hombre se corrompió del todo; lo que significa que ahora estaba completamente inclinada hacia el mal y en absoluto hacia ningún bien espiritual.

El hombre natural —es decir, el hombre sin la acción sobrenatural del Espíritu Santo en su vida— no conoce, en el sentido básico, ni a Dios ni la Verdad. Aunque parece entender muchas cosas no entiende nada verdaderamente, porque no relaciona dichas cosas con el Dios de la Biblia. Debería poder conocer a Dios por medio de la contemplación de su poder y sabiduría en la Naturaleza; pero Romanos 1:18 nos explica que el hombre natural oculta esa Verdad, la obstruye, la suprime injustamente... Y 1 Corintios 2:14,15 nos dice que "el hombre natural no percibe las cosas que son del Espíritu de Dios, porque para él son locura, y no las puede entender; porque se han de discernir espiritualmente".

El hombre natural no solo desconoce las cosas de Dios, sino que odia a este y, debido a su desobediencia voluntaria, se ha colocado en una situación moral tal que ya no puede hacer ninguna cosa espiritualmente buena a los ojos de Dios. Esto puede que nos parezca difícil de creer y tal vez tenga la apariencia de lenguaje duro. Sin embargo, si creemos que la Biblia es la Palabra infalible de Dios, debemos admitir que así son las cosas.

La Biblia nos dice que ya desde la juventud los pensamientos del corazón del hombre son siempre malos (Jn. 6:5; 8:21). Jeremías 17:9 afirma: "Engañoso es el corazón más que todas las cosas, y perverso; ¿quién lo conocerá?". Y Pablo declara en tono inconfundible:

> No hay justo, ni aun uno; no hay quien entienda, no hay quien busque a Dios. Todos se desviaron, a una se hicieron inútiles; no hay quien haga lo bueno, no hay ni siquiera uno. Sepulcro abierto es su garganta; con su lengua engañan. Veneno de áspides hay debajo de sus labios; su boca está llena de maldición y de amargura. Sus pies se apresuran para derramar sangre; quebranto y desventura hay en sus caminos; y no conocieron camino de paz. No hay temor de Dios delante de sus ojos. (Ro. 3.10-18)

Y en otro pasaje agrega: "Por cuanto la mente carnal es enemistad contra Dios; porque no se sujeta a la ley de Dios, ni tampoco puede; y los que viven según la carne no pueden agradar a Dios" (Ro. 8:7,8). Por otro lado, en la Epístola a los Efesios, Pablo dice que el hombre está muerto en pecados y transgresiones: no enfermo, ni herido, sino muerto para toda buena obra (Ef. 2:1).

Por ello la Iglesia cristiana ha confesado que, si bien el Espíritu Santo creó a Adán santo y justo, sin embargo, debido a su pecado, la naturaleza del hombre se corrompió; de manera que nada digno procede de él, sino únicamente el mal. Y si queda a merced de sus propios caminos e inclinaciones malvadas, los seguirá hasta sus últimas consecuencias, expresando en acciones externas su maldad interior, como sucedió con aquellos a quienes Dios entregó a pasiones vergonzosas (Ro. 1:26 ss.).

Esta es, pues, la condición natural del hombre; sin embargo (y aquí está el problema), el hombre natural no es tan malo como podría serlo y hace muchas cosas que en lo externo resultan nobles y agradables. El no regenerado no ha seguido por completo sus malas inclinaciones.

Hay quienes, no siendo cristianos —y aun habiendo conocido y rechazado voluntariamente el evangelio de Cristo—, son en ciertos aspectos mejores que los cristianos que creen en la Biblia y asisten a la iglesia. A veces tienen un carácter más estable, dominan mejor sus pasiones, son más generosos, su honestidad es más espontánea, sus hijos no hacen trampas —como lo hacen los hijos de muchos cristianos—, son más respetuosos de los sentimientos ajenos, y tienen una integridad más elevada. En otras palabras: son gente "espléndida", aunque no sean cristianos.

El problema con que se ha enfrentado la Iglesia cristiana en el pasado ha sido: "¿Cómo se explica esto? Si el hombre, según la Biblia, es *totalmente* depravado, si en él no hay ninguna clase de bondad, si no puede en manera alguna hacer o siquiera desear hacer algo bueno, si está inclinado a aborrecer a Dios y al prójimo, ¿cómo, entonces, es capaz de llevar a cabo ese 'bien' aparente, ser un pagano 'espléndido' y vivir una vida que, a veces, parece aun mejor que la de los cristianos?".

Algunos tienden a negar el mal que hay en el hombre y señalan a ciertos no cristianos de conducta aparentemente virtuosa. Dicen que, ciertamente, el hombre es bueno en su interior, no tan malo como se le describe: como una roca áspera y sucia si se la mira por fuera, pero que al romperse revela hermosas piedras preciosas en su interior. El hombre es, por tanto, interiormente bueno, aunque a veces parezca malo en lo externo.

Si creemos en la Biblia, esta explicación debe rechazarse con toda firmeza; porque, como hemos visto, los datos bíblicos indican lo contrario. Perdido para siempre, el hombre a veces es hermoso por fuera, pero, interiormente, está corrompido hasta la médula. Es como una manzana roja y brillante —de aspecto sabroso y piel tersa— en la que un niño encuentra deleite; pero que, cuando la muerde, los dientes se le hunden en una carne blanda, podrida, llena de gusanos, la cual escupe de inmediato.

La solución no puede estar en que el Espíritu Santo actúe dentro de ese hombre de manera salvadora, porque eso es precisamente lo que no estamos diciendo. No estamos hablando del cristiano, sino del réprobo, del que nunca ha nacido de nuevo ni nunca lo hará, del que pasará la eternidad en el Infierno.

2. LA SOLUCIÓN

La respuesta que la Biblia da a este problema es que el Espíritu Santo actúa en la vida de los no cristianos en una forma especial. No actúa de manera salvadora: no se trata de la regeneración, ni tiene que ver con el proceso de santificación. Pero, aparte de en los cristianos, el Espíritu Santo actúa también en cierto modo en aquellos que son réprobos, que no son elegidos. A esto se llama *gracia común.*

Es *gracia* porque ellos no merecen en lo más mínimo esta acción del Espíritu Santo: lo que merecen es la sentencia de Romanos 1:18 y de los versículos siguientes, que nos hablan de cómo Dios los abandona y permite que se endurezcan en su incredulidad y maldad. No merecen otra cosa que condenación y castigo; y lo que reciben es un favor inmerecido. Por esto se le llama *gracia.*

Esta gracia se suele llamar *común* porque no es solo para los elegidos —para el pueblo de Dios, para los cristianos—, sino también para los no elegidos. Se la considera común tanto a los que son salvos como a los que no lo son.

Hablando con rigor, sin embargo, esta terminología no es precisa, ya que dicha gracia *no* es común al no regenerado y al regenerado. Se trata de dos tipos completamente diferentes de gracia para el uno y para el otro. La operación salvadora del Espíritu Santo que sirve de freno para el pecado en las vidas de los elegidos es consecuencia de una gracia singular: el amor especial de elección de Dios por sus escogidos. La acción no salvadora y de freno del pecado por parte del Espíritu Santo en la vida de los réprobos es resultado de la gracia común: del amor de Dios por los no elegidos. El freno es común para ambos, pero la gracia (el amor que los frena) difiere en cada caso. Sea como fuere, la "gracia común" también comprende otras cosas, además de la acción del Espíritu Santo en la vida de la gente. Incluye el hecho de que Dios ofrece sinceramente la salvación a los que están perdidos, aun a aquellos que no han sido elegidos y nunca van a creer. Abarca muchos aspectos de la providencia en este mundo: tales como hacer que el Sol brille y que llueva para los no creyentes, el mantenimiento de las leyes de la Naturaleza de forma que las cosechas puedan crecer, y la concesión de poderes sanadores al cuerpo enfermo. También significa que Dios es paciente en la ejecución de su castigo para los no creyentes, no dándoles de inmediato su merecido.

Pero la gracia común incluye asimismo una operación general del Espíritu Santo en el no elegido; y es de este aspecto del que trataremos en el presente capítulo, y no de la gracia común en general. Esta acción del Espíritu es triple: hay un aspecto negativo —el frenar el pecado en la vida de los individuos— y otro positivo —el estímulo a obrar bien, aun si ese bien no procede de la fe—; pero, además, existe un tercer aspecto que consiste en dotar al hombre natural de una capacidad general para que pueda desarrollar ciertas tareas culturales. Ahora debemos examinar esta triple operación del Espíritu Santo para ver cuáles son sus efectos.

A. *El freno del pecado*. Ante todo, la Biblia indica que Dios envía su Espíritu Santo entre los no elegidos para impedirles que den rienda suelta a sus malas inclinaciones. Esto no hace que las acciones de ellos sean agradables a los ojos de Dios, sino que simplemente los hace a ellos menos malos. Esto significa que la vida en este mundo resulta tolerable y "vivible" porque el Espíritu Santo impide que los hombres lleguen a ciertos excesos.

Es posible para Dios controlar el mal en la vida de los hombres de muchas maneras. Lo puede hacer mediante actos de providencia: frenando, por ejemplo, la inmoralidad sexual al hacer que esta vaya a menudo acompañada de enfermedades venéreas; de manera que la gente domine sus deseos lujuriosos por miedo a las consecuencias. O puede reprimir las malas intenciones causando una inundación que acabe con todos o algunos de los habitantes, como en tiempos de Noé. Pero, también —y este es el punto que nos interesa ahora—, Dios frena el mal con la acción directa del Espíritu Santo en el alma de las personas: no en una forma salvadora, pero sí haciendo que dichas personas se vean obstaculizadas en su desobediencia a Dios.

Es probable que Saúl, por ejemplo, no fuera salvo; con todo, el Espíritu de Jehová estaba en su vida, haciéndole obrar bien. Pero después de un período de desobediencia, "el Espíritu de Jehová se apartó de Saúl, y le atormentaba un espíritu malo de parte de Jehová" (1 S. 16:14).

Isaías se lamentaba de la maldad de Israel. Escribe que "fueron rebeldes, [e] hicieron enojar su santo Espíritu; por lo cual [Dios] se les volvió enemigo, y él mismo peleó contra ellos" (Is. 63:10). En otras palabras: el Espíritu Santo estaba en la vida de muchos israelitas de manera no salvadora, frenando el pecado en sus vidas; si bien, más tarde, debido a la maldad de ellos, tuvo que dejarlos y hasta luchar contra ellos.

Esteban habló de manera semejante al recordar a los judíos sus actos rebeldes desde los tiempos de Abraham hasta la crucifixión de Cristo. Luego los censuró duramente: "¡Duros de cerviz, e incircuncisos de corazón y de oídos! Vosotros resistís siempre al Espíritu Santo" (Hch. 7:51). Decir que resistieron al Espíritu implica que el Espíritu había actuado en sus corazones de alguna manera, si bien no estaban regenerados. Y, desde luego, la carta a los Hebreos menciona la acción del Espíritu Santo en la vida de los no cristianos hasta el punto de que estos "fueron iluminados y gustaron del don celestial, y fueron hechos partícipes del Espíritu Santo" (He. 6:4). Sin embargo, después de cometer el pecado imperdonable, el Espíritu se apartó de sus vidas para nunca más volver a obrar arrepentimiento en ellos. Perdidos por toda la eternidad, los réprobos habían poseído, sin embargo, al Espíritu Santo en sus vidas de manera no salvadora.

Así, pues, el Espíritu Santo actúa en la vida de los no creyentes frenándolos en cuanto a hacer el mal. Cuán agradecidos podemos estar a Dios de que, por medio de su gracia común, Él dé su Espíritu Santo a aquellos que están perdidos, a aquellos eternamente condenados; porque, sin esta gracia, los hombres llegarían a excesos y darían rienda suelta a sus deseos pecaminosos. La vida se haría entonces intolerable: habría más sadismo, más robos, más embriaguez, más inmoralidad... El divorcio aumentaría más aún. La violencia estaría a la orden del día. No habría seguridad para caminar por las calles. Todas las comunidades y naciones estarían saturadas de toda clase de pecado. Porque hay épocas —según la Biblia— cuando Dios ya no contrarresta al hombre, sino que lo abandona a sus propios placeres malvados; y cuanto mayor es ese abandono, tanto más intolerable se vuelve la vida.

Dios, hablando por medio de Asaf, mencionó esta separación del Espíritu Santo, cuando dijo: "Pero mi pueblo no oyó mi voz, e Israel no me quiso a mí. Los dejé, por tanto, a la dureza de su corazón; caminaron en sus propios consejos" (Sal. 81:11,12). Esteban, por su parte, afirmó que Dios se había apartado de los israelitas y los había entregado para que rindiesen culto al ejército del cielo; e Isaías dijo que el Espíritu Santo hasta había luchado contra los israelitas. Pablo, a su vez, pone de relieve los placeres, engaños, odios, perversiones, luchas, insolencia y la invención de nuevos males que caracterizaban a aquellos a quienes Dios abandonaba (Ro. 1).

En 2 Tesalonicenses tenemos una descripción de lo que sucederá al final de los tiempos, cuando "quien al presente lo detiene" —es decir, el Espíritu Santo— sea "quitado de en medio" (2 Ts. 2:7). Porque, según dice Pablo, el misterio de la iniquidad ya está en acción. El espíritu del Anticristo está presente en el mundo actual, pero refrenado. Un día, sin embargo, ese freno será quitado y entonces vendrá el fin, y se revelará el Anticristo —el "hombre de pecado", "el hijo de perdición, el cual se opone y se levanta contra todo lo que se llama Dios o es objeto de culto; tanto que se sienta en el templo de Dios haciéndose pasar por Dios" (2 Ts. 2:4). Entonces habrá persecuciones y el Anticristo se manifestará en toda su horribilidad en contra de Cristo y de los cristianos; seguirá los dictámenes de sus deseos erráticos; y llevará a cabo grandes acciones de violencia y maldad en forma desenfrenada. Esto es lo que sucederá cuando se quite el freno del pecado, cuando el Espíritu Santo retire su influencia y entregue al hombre a sus propios deseos. El mundo será entonces un lugar intolerable para vivir; y todo esto ocurriría ahora mismo si el que lo detiene quitara el freno.

Así, pues, una de las acciones más estupendas del Espíritu Santo en la actualidad se lleva a cabo entre los réprobos: deteniéndolos en sus malos caminos y haciéndonos posible el vivir. Porque nosotros, los cristianos, somos minoría en este mundo; representamos solo una proporción muy pequeña de la población. Si no fuera por esta acción limitadora del Espíritu, la vida se volvería intolerable para el cristiano. Y el cristiano hace bien en orar al Espíritu Santo para que siga actuando cada vez más en la vida de los no regenerados, a fin de que podamos vivir en paz y tranquilidad, sin temor.

B. *Estímulo para el bien*. Una segunda operación importante del Espíritu Santo en la esfera de la gracia común es la contraria a la antes mencionada. El hecho mismo de ser frenado en cuanto al pecado significa que el hombre debe hacer algo relativamente bueno: no puede producirse el vacío. Si se quita algo, otra cosa debe ocupar su lugar. O, empleando otra metáfora: quitar algo oscuro de un objeto significa que dicho objeto debe, necesariamente, por la naturaleza misma de las cosas, volverse un poco más gris. Lo mismo ocurre en el terreno espiritual. Al actuar el Espíritu Santo en el hombre no regenerado dos cosas suceden: el hombre se ve frenado en cuanto al pecado y recibe estímulo para hacer el bien. A pesar de su naturaleza totalmente corrompida, el hombre no regenerado, por la gracia del Espíritu Santo, hace cosas que son formal y externamente agradables a Dios.

Sin embargo, debería recordarse con claridad que el hombre natural no hace absolutamente nada que sea verdaderamente agradable delante de Dios; ya que le falta la fe, y "todo lo que no proviene de fe, es pecado" (Ro. 14:23). Puede hacer cosas que exteriormente se conformen con la ley de Dios, pero como no ama a Jesucristo —como tampoco honra a Dios o hace estas cosas por motivos puros de amor y fe hacia Él— todas las acciones del hombre no regenerado son pecado.

Para expresar en términos absolutamente claros lo que la Biblia enseña: si un unitario, el cual niega la divinidad de Jesucristo y confía en sí mismo en vez de hacerlo en Jesús para su salvación, diera un millón de dólares para la obra misionera de una iglesia que predica a Jesucristo crucificado y resucitado por los pecadores, esta donación no sería, por parte del dador, un buen acto espiritual, porque no nacería de la fe en Cristo ni se haría para su gloria, sino por otra razón. Aunque, desde luego, una acción semejante sería mucho mejor que si la misma cantidad se gastara en prostitución o en juego, sin embargo, careciendo del motivo adecuado, ningún acto es esencialmente agradable a Dios. Esto es lo que queremos decir cuando afirmamos que un acto así es *relativamente* bueno, pero no *verdaderamente* bueno.[1]

Que el Espíritu de Dios estimula al réprobo al bien *relativo* se ve por ciertos ejemplos bíblicos. El Antiguo Testamento menciona, por ejemplo, a tres reyes —Jehú, Joás y Amasías— que no tenían verdadero temor de Dios, sino que eran réprobos. Sin embargo, de Jehú dice Dios en la Biblia: "Por cuanto has hecho bien ejecutando lo recto delante de mis ojos [...] tus hijos se sentarán sobre el trono de Israel hasta la cuarta generación" (2 R. 10:30). De Joás dice la Biblia que "hizo lo recto ante los ojos de Jehová" (2 R. 12:2); y el autor repite las mismas palabras en el caso del rey Amasías. Así, pues, estos reyes hicieron cosas agradables delante de Dios, si bien ellos mismos se perdieron.

En el Nuevo Testamento, que los réprobos hacen el bien lo afirma Cristo expresamente cuando manda a los discípulos amar, no solo a sus amigos, sino también a sus enemigos, razonando así: "Si hacéis bien a los que os hacen bien, ¿qué mérito tenéis? Porque también los pecadores hacen lo mismo" (Lc. 6:33). En otras palabras, Cristo dice que los no elegidos hacen el bien. Tampoco aquí debe tomarse esto en el sentido de que lo que llevan a cabo es *verdaderamente* bueno, sino que hacen un bien *relativo*.

Y Pablo escribe a los romanos que "los gentiles que no tienen ley, hacen por naturaleza lo que es de la ley" (Ro. 2:14). No conocen a Jesucristo, no tienen la Revelación que nosotros poseemos; sin embargo ellos, que son réprobos, hacen cosas que externamente se conforman con la ley de Dios, cosas agradables para Él en un sentido relativo.

Aun en la actualidad, el Espíritu Santo mueve a las personas a hacer cosas que en lo externo están en conformidad con la ley de Dios. A causa del Espíritu Santo, los no creyentes ricos dan dinero a escuelas y hospitales en lugar de gastarlo en lujos; el unitario que niega a Cristo ayudará al niño de 2 años que se ha caído de la bicicleta a levantarla, lo consolará y tratará de distraerlo de sus penas; el blasfemo dará dinero al mendigo; el no cristiano hará un donativo para ayudar a las víctimas del tornado; el soldado incrédulo se mostrará compasivo con el enemigo; el político que ridiculiza la Biblia luchará por la paz; el pagano jactancioso sacrificará voluntariamente su vida para rescatar a un muchacho que se ahoga.

Estas y otras acciones que llevan a cabo los no regenerados se deben a la acción no salvadora del Espíritu Santo en sus vidas. Y debemos darle las gracias a Dios por esta gracia maravillosa que hace la vida tan agradable y posible de vivir. También podemos mirarnos con vergüenza quienes profesamos ser cristianos y, sin embargo, estamos llenos de tanta murmuración, de tantos celos, críticas, lujurias y odios; en tanto que otros que no conocen a Cristo como Salvador personal viven, al menos en lo externo, vidas diez veces mejores que las nuestras. ¡Que Dios nos libre de nuestra inconsecuencia! Pero, al mismo tiempo, alabémosle por esta segunda obra del Espíritu Santo en los réprobos, gracias a la cual la vida no solamente es llevadera, sino también tan agradable.

C. *Dotes para tareas culturales*. Una tercera esfera de influencia del Espíritu Santo en la gracia común se halla en el dotar al no cristiano de capacidad intelectual, habilidad técnica, talento artístico y aptitud para la ciencia, las lenguas, la música y la cultura en general. El regenerado no tiene el monopolio en estos asuntos. Es más que evidente que precisamente aquellos que no son cristianos, tienen a menudo más habilidades y están mejor dotados para estas cosas que los cristianos.

Estas dotes que el Espíritu Santo da proceden, como vimos en el capítulo anterior, de que el Espíritu es quien comunica al hombre el aliento de vida y quien, por tanto, constituye el origen del alma, de la mente y de las facultades intelectivas y emocionales. Este aliento de vida, esta alma, esta capacidad que el Espíritu Santo da al hombre, es también la fuente de sus logros culturales. En Isaías 45:1 leemos que el rey pagano Ciro fue ungido por Jehová para llevar a cabo su obra. El Espíritu fue enviado a Ciro para darle sabiduría, valor y pericia militar a fin de que pudiera llevar a cabo la tarea que Dios le había asignado. No cabe duda de que esta misma actividad no regeneradora del Espíritu Santo continúa hoy en día.

Porque el Espíritu Santo dotó al hombre natural de grandes facultades, Aristóteles fue capaz de adquirir un conocimiento tan vasto, César pudo conquistar y gobernar tantos países, los antiguos griegos idearon una arquitectura tan duradera, Shakespeare fue capaz de escribir tantas obras perennes como *Macbeth* y *Hamlet*, Beethoven pudo componer su *Quinta Sinfonía* o Einstein formular la teoría de la relatividad. Estos son dones del Espíritu Santo; demos gracias a Dios por ellos, y utilicémoslos para su gloria.

Así, pues, hay una triple acción del Espíritu Santo —distinta de las del Padre y el Hijo— en el terreno de la gracia común: frenando al no regenerado en cuanto al pecado, incitándolo al bien y dotándolo para grandes logros culturales. Estas son las cosas que hacen la vida en este mundo posible y hermosa. Los efectos son estupendos, y Hodge tenía razón cuando dijo que "la calamidad mayor que pueda caer sobre el individuo, la iglesia o la gente es que Dios les retire su Espíritu Santo".

CONCLUSIÓN

Al concluir conviene añadir una palabra de advertencia: si bien reconocemos que el Espíritu Santo actúa en la vida del réprobo, no debemos pensar, ni por un momento, que esto salve a la persona. Estas operaciones del Espíritu Santo no son salvadoras. No salvan a nadie. La salvación viene solo por la confianza en Jesucristo como nuestro propio Salvador. Esa confianza también la produce el Espíritu Santo; y solo cuando el Espíritu actúa en esa forma, haciendo que la persona entregue su vida a Cristo, dicha persona es salva.

Algunos podrían pensar que, ya que el Espíritu Santo actúa dentro de ellos a fin de capacitarlos para que sean más hábiles o para dirigir algún negocio, y ya que los ha detenido en el camino del pecado y hasta los ha incitado a hacer algunas cosas que, externamente, son más bien buenas, serán salvos. Pero esto no es bíblico: la Biblia no dice en ninguna parte que una persona que hace el bien vaya a ser salva. Debemos reconocer que el Espíritu Santo actúa en el no creyente y en el no regenerado para que hagan el bien, y debemos dar gracias a Dios por esta influencia de tanto alcance y tan maravillosa de su Espíritu, pero el hecho es que esta influencia y acción del Espíritu Santo no llevará a nadie al Cielo. El pecador necesita no solo la gracia común, sino la gracia especial, para poder ser salvo. Precisa la fe en Jesucristo, el Hijo de Dios: el que invoque el nombre del Señor será salvo. Aquel que crea en el Hijo unigénito tendrá vida eterna. Así, pues, demos gracias a Dios por la acción del Espíritu Santo en la gracia común; pero no permitamos que nadie se engañe pensando que es salvo por dicha gracia. Antes bien, hagámosle ver que la salvación es únicamente de quienes confiesan sus pecados, abandonan su forma de vivir y le piden a Jesús que los redima.

[1]Estos términos *relativamente bueno y verdaderamente bueno* podrían prestarse a engaños. Porque, en cierto sentido, ni siquiera las acciones del regenerado son *verdaderamente* buenas, ya que nada de lo que hace es perfecto. Sin embargo, el título del artículo XIV de la Confesión Belga, sin emplear la expresión *relativamente bueno* habla de lo verdaderamente bueno. Tampoco es adecuado hablar de *bien que salva,* ya que el cristiano no se salva por buenas obras sino por Cristo. La distinción que hacemos la describen algunos con los términos *bien cívico* y *bien espiritual*.

4

El Espíritu Santo y la Revelación

En este estudio acerca del Espíritu Santo tratamos de temas muy importantes. Hemos visto hasta ahora algunos de los misterios eternos de la Divinidad, tales como la relación de procedencia del Espíritu Santo respecto del Padre y del Hijo, el papel perfeccionador del Espíritu en la creación de este mundo, y sus efectos transcendentales por medio de la gracia común. En los capítulos siguientes trataremos de otros temas relevantes, tales como el cometido del Espíritu Santo en la Encarnación, la regeneración, la santificación y en la iglesia.

En este capítulo vamos a ocuparnos aún de otro gran ministerio del Espíritu Santo: su obra en la revelación. Por revelación entendemos el acto de Dios por medio del cual da a conocer al hombre ciertas cosas que estaban ocultas y se desconocían. Esto ocurre de dos maneras: por medio de la Naturaleza y a través de la Biblia.

1. EL PROBLEMA DEL CONOCIMIENTO

La Revelación divina es de suma importancia, ya que constituye la fuente de todo nuestro conocimiento. A lo largo de los siglos, los hombres —cristianos y no cristianos por igual— se han interesado por el conocimiento: desean saber la verdad acerca de sí mismos, de la Naturaleza y de Dios. Tienen un ansia esencial en su propia naturaleza por conocer, y por conocer con certidumbre. Solamente por medio de la Revelación alcanza el hombre un verdadero entendimiento de las cosas. Por la Revelación, Dios se manifiesta al hombre y también le muestra la verdadera naturaleza de los seres que pueblan el mundo, tanto la de los hombres como la de los objetos naturales.

El no cristiano niega —explícita o implícitamente— la Revelación de Dios, y por ello busca la Verdad sin éxito. Niega al Dios cristiano y con ello la única forma posible de conocer verdaderamente las cosas: mediante la Revelación. Carece de certeza absoluta en su forma de conocimiento. Hace conjeturas y dice cosas como "quizá" y "yo creo", pero nunca tiene un conocimiento definitivo. Sin embargo, cuando uno acude al Dios de la Biblia y a su revelación, adquiere el fundamento para el conocimiento verdadero. Porque Dios, mediante su revelación, le dice muchas cosas al hombre. Dice algo acerca de lo que a Él le agrada y le desagrada, acerca sus planes previamente decretados, acerca la norma de vida según la cual debe andar el hombre, acerca del camino de la salvación, acerca de la realidad y la naturaleza de este mundo, acerca de ciertas leyes y de lo que sucederá después de la muerte, solo por nombrar algunas cosas. El hombre puede conocer con certeza absoluta cosas que, de otro modo, no hubieran podido comprenderse nunca: cosas relacionadas con este mundo creado y con Dios. El hombre que conoce mediante la Revelación de Dios tiene un fundamento firme que es eternamente inalterable: su saber no cambiará con el tiempo. Esto le da una satisfacción total: posee algo que los filósofos —y todo hombre es filósofo en su corazón— han buscado desde los tiempos de Adán.

Esta revelación divina es doble: natural y sobrenatural; o —aún mejor— hay una revelación general y otra especial. Esa primera revelación —la Revelación general— se encuentra dondequiera que uno esté. Está en las flores del jardín, en la pantalla de televisión, en la sala de estar, en las gotas de lluvia prendidas del cristal de la ventana, en las hojas de los árboles, en una brizna de hierba, en el dedo de un niño. De hecho, está en todas y cada una de las cosas que han sido creadas. Todas las cosas las hizo Dios, y revelan en sí mismas algo del Creador; muestran un poco de su gloria, poder, sabiduría y deidad. No es necesario ver a Dios con los ojos físicos para conocerlo.

Es posible conocer algunas de las características divinas observando la Naturaleza. David dice acerca de ello: "Los cielos cuentan la gloria de Dios" (Sal. 19:1). Es casi como si el Sol, la Luna y las estrellas pudieran hablar, tan claras son las cosas que revelan de Dios: tales como su infinitud y omnipotencia. Cuando el hombre examina los rayos de la Luna o el resplandor del Sol, o ve los millones de estrellas con sus grandes e incomprensibles distancias, las cuales se observaron por primera vez en la Historia gracias al telescopio gigantesco del monte Palomar, entonces, si no está ciego —y si el Espíritu Santo abre sus ojos— ve la gloria de Dios. Tanto el día como la noche revelan cosas acerca de Dios, y con tanta claridad como si tuvieran labios y lenguas para hablar. Porque David dice también: "Un día emite palabra a otro día, y una noche a otra noche declara sabiduría" (Sal. 19:2). Observando simplemente estas cosas aprendemos acerca de Dios, como si la naturaleza nos hubiera hablado de Él [...]. Pablo afirma lo mismo en Romanos 1:20, donde dice que ciertas cosas invisibles de Dios, tales como su poder y divinidad, se pueden ver claramente al observar el mundo creado. Veamos un ejemplo: Como a los 6 años de edad el niño perderá algún diente, muy pronto comenzará a aparecer uno más grande, en consonancia con la mandíbula que se está desarrollando, y llenará el espacio que dejó el diente perdido. Cuando nos damos cuenta que ha sido Dios quien ha hecho que el diente del niño se cayera en el momento oportuno —ni demasiado pronto, ni demasiado tarde—, para que luego otro brotara exactamente en el lugar adecuado, entonces comprendemos que Dios es un Dios sabio. Él nos ha revelado esto por medio de un diente: se trata de un ejemplo de revelación, mediante el cual el hombre conoce algo acerca de Dios.

En esta revelación general el Espíritu Santo desempeña su papel, como ya hemos visto en el capítulo acerca de "El Espíritu Santo y la Creación". Hay una segunda revelación, también, llamada revelación especial —que es la Biblia—, en la que el Espíritu Santo desempeña un papel destacado. Resulta interesante advertir que ni siquiera la primera revelación —la Revelación general— se puede captar bien sin conocer la Revelación especial y el poder iluminador del Espíritu en la mente del hombre. Esto se debe a que el hombre está espiritualmente ciego debido a su propio pecado: por ello no puede conocer ni una sola cosa, tanto de la Revelación general como de la especial, sin el Espíritu Santo. El Espíritu lleva a cabo tres operaciones, y todas ellas son esenciales para un verdadero conocimiento del universo y del Creador. Él muestra la Verdad por medio de la Revelación general —en la cual participa activamente—, y también nos proporciona la Biblia (la Revelación especial), que es necesaria para ver adecuadamente las verdades reveladas en la Naturaleza y, asimismo, para conocer cosas importantes que no están reveladas en la misma; tales como el camino de Salvación, la naturaleza de la Iglesia o la Segunda Venida de Cristo. Finalmente, actúa en las interioridades del hombre para que este pueda ver las verdades manifestadas en esas dos revelaciones.

Así, pues, si el hombre desea verdaderamente la plena satisfacción de su alma, si quiere obtener respuesta a las preguntas profundas que se suscitan en un momento u otro de su vida (sea cual fuere su grado de educación), puede conseguirlo; pero tiene que conocer la obra del Espíritu Santo, no solo en la Revelación general sino también en la Revelación especial, y experimentar la actividad del Espíritu iluminando su mente y desterrando su ceguera espiritual. El Espíritu Santo es la llave para todo verdadero conocimiento; sin Él no se puede conocer nada en su esencia. Pero, con el Espíritu, el hombre es capaz de adquirir un conocimiento del universo y de Dios eternamente verídico.

Pasemos, pues, a estas dos operaciones del Espíritu Santo: la Biblia y su iluminación de la mente del cristiano. Como el tema es muy amplio, en este capítulo trataremos solo de la primera operación, y en el siguiente abordaremos la segunda: la iluminación por medio del Espíritu.

2. LA REVELACIÓN ESPECIAL

Hay una clase de revelación especial, aparte de la Biblia, la cual Dios le dio al hombre. Desde los tiempos del Paraíso hasta Patmos, desde Adán hasta Juan, Él se reveló a los hombres de una manera especial y en distintas formas.

Se les presentó en lo que llamamos *teofanías*: apareciéndose en forma visible, por ejemplo, a Abraham, Agar y Jacob. Se reveló en el fuego y en la nube que protegieron y guiaron a Israel por el desierto. También habló directamente a ciertas personas del Antiguo y el Nuevo Testamentos: a Adán, Eva, Caín, Noé, Abraham, Jacob, José, Moisés, Samuel y otros. Habló con voz del Cielo. Se apareció en sueños y en visiones. Habló por medio de los Urim y Tumim. Se comunicó directamente con los profetas. Así, pues, desde el Paraíso hasta Patmos, Dios se presentó en formas especiales y directas, y se reveló a los hombres aparte de la Biblia.

Algunas de estas revelaciones son de suma importancia para nosotros. Por ejemplo, el mandamiento cultural a Adán —"Fructificad y multiplicaos; llenad la tierra, y sojuzgadla, y señoread sobre ella" (Gn. 1:28)— tiene implicaciones de largo alcance para nosotros. O pensemos en la gran voz de la primera profecía acerca de la Salvación venidera, cuando Dios habló a la serpiente en presencia de Adán y Eva, diciendo: "Pondré enemistad entre ti y la mujer, y entre tu simiente y la simiente suya; ésta te herirá en la cabeza y tú le herirás en el calcañar" (Gn. 3:15). O sopesemos el significado del pacto monumental hecho con Abraham, cuando Dios le dijo que sería su Dios y el de su descendencia después de él. Estas y otras revelaciones son asuntos de suma importancia para el cristiano, ya que suministran un conocimiento glorioso y veraz acerca de los planes de Dios para la eternidad, y de sus mandamientos para nosotros en campos tan importantes como la Salvación y la cultura. Esto es lo que los hombres de todos los tiempos han buscado: certeza respecto del futuro y en cuanto a sus deberes actuales.

En lo que a nosotros respecta, sin embargo, hay una limitación básica en todas estas revelaciones especiales. Dios habló (nadie podría dudarlo), pero una vez entrado el pecado, ¿acaso podría el hombre recordar exactamente lo que Dios dijo en esas ocasiones?

Concediendo, por ejemplo, que Dios se apareció y habló por

medio de una revelación directa a ciertos personajes de los tiempos bíblicos, ¿cuál sería la garantía de que esa revelación no se hubiera distorsionado, debido al pecado del hombre, al transmitirse de boca en boca desde Adán hasta Set, y a lo largo de centenares de generaciones hasta llegar a nosotros miles de años después?

No vayamos tan lejos. Supongamos, por ejemplo, que estamos en el lugar de Adán y Eva. Adán llegó hasta los 930 años de edad. Conjeturemos también que 800 años después de la Caída habló con uno u otro acerca de lo que había sucedido y lo que Dios le había dicho en el huerto. ¿Qué cree que podría suceder después de 800 años? No cabe duda de que habría conflicto y malentendidos acerca de lo que Dios había dicho exactamente.

Imaginemos también que hubiéramos estado con los israelitas cuando Moisés les dio los Diez Mandamientos, y que después de cuarenta años de errar por el desierto tratásemos de recordar con precisión lo que Moisés había dicho. Se podría plantear la pregunta: ¿Qué afirmó exactamente Moisés? ¿Dijo tal vez "recordad el día de reposo" o "recordad el día de reposo para santificarlo"?

Podríamos suponer, por otro lado, que habíamos estado en lugar de Pedro en el monte de la Transfiguración, juntamente con Santiago, Juan, Moisés, y Elías; que habíamos visto a Cristo glorificado y oído la voz del Padre desde el Cielo. ¿Podríamos recordar, diez años más tarde, todos los detalles con precisión, y garantizar que el relato de los mismos pasaría con exactitud de generación en generación por medio de la tradición oral?

Pedro no pudo: estaba con Cristo y, sin embargo, dice en su segunda carta que tenemos "la palabra profética más segura" (1:19). Estuvo en el monte, vio a Cristo, oyó la voz de Dios salir del Cielo; no obstante, afirma que en la Biblia (profecía) hay algo que es más cierto —más seguro— que oír la voz de Dios con los oídos propios y ver a Jesús con los propios ojos. Se da a entender, desde luego, que el tiempo debilita la precisión de la memoria, de modo que algo visto con los ojos o algo oído con los oídos puede distorsionarse al cabo del tiempo. Pero hay una profecía que es más segura que la visión o la audición propias; a saber, la Biblia, la cual pasa a describir en los dos versículos siguientes. Debido a la inspiración del Espíritu Santo, está garantizada la exactitud de lo que se dice en ella respecto de sucesos pasados, a pesar de las fallas de la memoria y de los errores que, naturalmente, se producen en cualquier relato de segunda o de milésima mano[2].

Pedro, por tanto, se dio cuenta claramente de que por maravilloso que pudiera ser para una persona oír la voz de Dios, la certeza de la misma dura solo para esa persona y por un tiempo limitado. Nosotros, actualmente —cuando Dios no habla ya como lo hacía en otros tiempos—, necesitamos el relato en blanco y negro, al que poder recurrir una y otra vez para asegurarnos exactamente de lo que se dijo. Y esto es lo que la Biblia nos proporciona: certeza absoluta. Se trata de la misma palabra de Dios: como si Cristo fuera a aparecerse hoy en la habitación para hablarte en forma visible, en una teofanía.

Solo que la Biblia es mejor que eso: porque si Cristo te hablara, una vez que él hubiera terminado de hacerlo su voz desaparecería. No podrías volver a ella para comprobar la precisión de tu memoria. Quizá dirías más tarde: "¿Acaso ha sido un sueño?; ¿ha hablado Dios de verdad?; ¿y qué ha dicho exactamente, no en forma aproximada? Nunca podrías comprobarlo. Nunca te sería posible repetir ese momento bendito. Pero, en la Biblia, la voz de Dios permanece grabada perpetuamente para que puedas volver a ella cuantas veces quieras, a fin de comprobar, con toda precisión, aquello que Él dijo. Así, pues, si deseas oír la voz de Dios, sus mismas palabras y el mensaje auténtico que es suyo exclusivamente; si deseas este milagro, acude a la Biblia para escuchar la palabra de Dios. Porque la palabra de Dios es un milagro vivo: es Dios que habla constantemente al hombre, como si estuviera conversando con él en forma visible en su propia habitación.

3. EL ESPÍRITU EN LA REVELACIÓN ESPECIAL

El Espíritu Santo es el responsable de este milagro sorprendente: Él es quien nos hace oír la voz de Dios de manera que, en las lenguas originales, su mensaje no tenga ni un solo error, y esté grabado exactamente tal y como Él quiso que estuviera. El Espíritu Santo también le da al hombre la posibilidad de conocer asuntos eternos y temporales con certeza absoluta.

La misma Escritura da testimonio de que fue el Espíritu Santo quien inspiró la Biblia. Pedro lo afirma con toda claridad cuando dice: "Porque nunca la profecía fue traída por voluntad humana, sino que los santos hombres de Dios hablaron siendo inspirados por el Espíritu Santo" (1 P. 1:21). Y Pablo, por su parte, afirma que las cosas que dice las habla "no con palabras enseñadas por sabiduría humana, sino con las que enseña el Espíritu" (1 Co. 2:13).

En muchos lugares del Nuevo Testamento se menciona al Espíritu Santo como autor de una porción del Antiguo Testamento. En Mateo 22:43, Jesús, al citar un Salmo, dice que David, en el Espíritu, había llamado Señor al Mesías (Cristo). Al escoger a un discípulo para que reemplazara a Judas, Pedro expresó: "Varones hermanos, era necesario que se cumpliese la Escritura en que el Espíritu Santo habló antes por boca de David acerca de Judas" (Hch. 1:16). Y el autor de Hebreos, al citar el Salmo 95, lo menciona sin referirse siquiera al Salmista, sino afirmando: "Como dice el Espíritu Santo" (He. 3:7); con lo que atribuye el Salmo al Espíritu. Constantemente se alude al Espíritu Santo (y no al Padre ni al Hijo) como autor de la Biblia; si bien, como vimos previamente, nunca se puede separar la obra de las tres personas, ya que la Trinidad es una unidad.

Ahora se suscita la pregunta: "¿Cómo inspiró el Espíritu Santo la Biblia?; ¿cómo logró que fuera la misma Palabra de Dios, de forma que estuviese revestida de una autoridad absoluta?". La Biblia nos da indicios respecto a este proceso.

Ante todo, esa inspiración no se llevó a cabo por medio del proceso de la gracia común. No se efectúo por la acción general del Espíritu Santo en las vidas de los no regenerados, proporcionando a estos nuevas habilidades mentales de tal manera que sus facultades naturales quedaran agudizadas hasta un grado elevadísimo, y así pudieran escribir obras que estuvieron al nivel de las llamadas obras "inspiradas" de Dante, Milton, Shakespeare, Cervantes o Unamuno. La Biblia fue escrita por hombres regenerados, y el resultado final tiene una categoría completamente diferente de todos los demás escritos. Su autoridad es absoluta, porque está divinamente inspirada y es, por tanto, infalible.

Tampoco el Espíritu Santo dio lugar a la Biblia intensificando los poderes regenerativos del hombre. Porque el hombre nunca llega a ser perfecto en esta vida, sino que es pecador hasta la muerte como se ve tan obviamente en David, Pedro y Pablo. Ha habido muchos hombres santos, tales como Calvino y Lutero, que nunca fueron inspirados en este sentido. Los hombres son santos si están unidos místicamente a Cristo Jesús, pero algunos santos son autores de la Escritura porque han sido especialmente llamados por Dios para esta misión particular.

Las pruebas tampoco indican ningún método mecánico de dictado por parte del Espíritu Santo. El Espíritu no se apareció en visión a unos cuantos individuos escogidos, ni les susurró al oído de forma que estos escritores bíblicos no fueran sino secretarios que no utilizasen sus propias mentes, su propio ingenio o sus propias personalidades al formular sus pensamientos y palabras, sino que movieran mecánicamente la pluma mientras que el Espíritu Santo les decía exactamente lo que tenían que escribir. Este punto de vista prescinde de lo que es obvio en la Escritura: las diferencias entre los diversos escritos, que hacen que aun el que no es experto diga: "Esto me suena a Pablo"; o "¿No parece que esto sea de David?". Si es cierto que estas características personales diferentes se notan en los distintos libros de la Biblia, entonces, el que sostiene la teoría del dictado debe suponer que el Espíritu Santo dictó a sus secretarios en una forma tal que creara la ilusión de que las palabras las formulaban diferentes autores humanos, cuando en realidad procedían del Espíritu Santo.

Ninguna de estas teorías es satisfactoria. Antes bien, el Espíritu Santo hizo que la Biblia se escribiera en lo que se ha dado en llamar la forma orgánica: fue elaborada de manera más natural, aquella de la que Dios suele actuar.

En la composición de la Biblia hay un aspecto pasivo y otro activo. En *cierto sentido*, los escritores eran completamente pasivos: no cooperaban con Dios como si ellos hicieran la mitad y Dios la otra mitad; ni tampoco de manera que Dios los fuera guiando mientras ellos hacían la mayor parte del trabajo. Antes bien, eran completamente pasivos en el sentido que Pedro indica cuando, al hablar acerca de la palabra profética más segura, dice: "Porque nunca la profecía fue traída por voluntad humana, sino que los santos hombres de Dios hablaron siendo 'espirados' por el Espíritu Santo" (2 P. 1:21). El hombre no interpuso su voluntad, fue el Espíritu Santo quien la quiso. El hombre no aportó nada en absoluto a la decisión de producir la Biblia: fue Dios quien decidió aquello. En otras palabras, los autores humanos fueron instrumentos por medio de los cuales Dios escribió. El Espíritu Santo impulsó en forma irresistible a dichos autores para que escribieran precisamente lo que Él deseaba que escribiesen: palabras de su propia elección. Además, la traducción más exacta de la palabra "inspirados" sería "llevados", lo que indica la pasividad de los autores bíblicos. Ellos no estaban parcialmente activos mientras el Espíritu Santo los guiaba, más bien eran "llevados" por Él; lo que supone que no contribuían en nada al proceso de ser movidos, sino que eran los objetos que se mueven o se inspiran. La silla que se acarrea no ayuda en su traslado; tampoco quiere ser trasladada, ni contribuye en lo más mínimo al movimiento en cuestión, sino que está inerte en las manos del que la lleva. Así también los Profetas —dice Pedro— fueron "llevados" o inspirados por el Espíritu Santo para escribir lo que escribieron: actuaron como sujetos pasivos.

Y lo mismo indica la afirmación de Pablo en 2 Timoteo 3:16, cuando dice que "toda la Escritura es inspirada por Dios": un versículo que quizá se traduciría mejor por "toda la Escritura es 'espirada' por Dios". Se trata del aliento de Dios; es un producto completamente divino. Siendo así, la Biblia no es algo que los hombres determinaran producir por propia decisión, sino que la recibieron del Espíritu Santo: es un producto divino, y ellos fueron pasivos al producirla.

Si bien hay un aspecto pasivo en la composición de la Biblia, también hay en dicha composición un aspecto activo. Ahora debemos insistir en este, si es que queremos describir adecuadamente el proceso de composición y comprender cabalmente la manera como el Espíritu Santo inspiró la Escritura.

En cierto sentido, la composición de la Biblia se puede comparar con la salvación del creyente. Por un lado, cabe decir que la Salvación es totalmente de Dios: se trata de algo que el hombre recibe. El hombre está pasivo y Dios activo al producirla en él. Sin embargo, por otro lado, el hombre se encuentra sumamente activo; si bien toda su salvación, incluyendo la fe, es un don que viene totalmente de Dios. Y si bien "Dios es el que en vosotros produce así el querer como el hacer, por su buena voluntad" (Fil. 2:13); de forma que el hombre está completa y receptivamente pasivo. No obstante, la frase inmediatamente anterior presenta el aspecto activo de la Salvación: el mandato que dice "ocupaos en vuestra salvación con temor y temblor". Dios no regenera a los hombres tratándolos como simples máquinas que no tuvieran ni mente ni voluntad. Cuando los regenera no suprime sus experiencias previas, ni sus características personales, de forma que pierdan todas esas cualidades específicas que hacen tan diferente al Sr. "A" del Sr. "B". Los cristianos no son personajes uniformes y estereotipados, sin características propias: no son como soldaditos de plomo que produce una máquina, sin diferencias entre sí, todos pintados del mismo color, con la misma altura, un fusil al hombro y el mismo gesto de caminar. No, Dios conserva todos los talentos distintivos del hombre, su individualidad, sus características propias, y estas forman parte de la vida del cristiano. El hombre recibe la Salvación, está pasivo; pero también se muestra muy activo, creyendo en Cristo y viviendo la vida cristiana de manera propia, según sus características distintivas.

Algo parecido fue la composición de la Biblia: los autores estaban completamente pasivos. La Biblia es un producto divino y no procedió de la voluntad del hombre; sino que los hombres de Dios hablaron inspirados ("llevados") por el Espíritu Santo. Sin embargo, Dios no destruyó la individualidad ni los talentos de los autores, haciendo que la Biblia resultara una obra estereotipada, con un estilo único desde Génesis hasta el Apocalipsis —el estilo del Espíritu Santo— y todas las diferencias humanas de los escritores suprimidas u ocultas. Antes bien, Él permitió que las experiencias de los autores dirigieran el acto de escribir, que sus emociones diferentes afectaran a su pensamiento, que sus gustos individuales se expresaran en la Escritura. Dios permitió que el amor de David por la Naturaleza brillara en sus Salmos, que el conocimiento que Pablo tenía de la literatura pagana se manifestara en sus cartas, que los conocimientos médicos de Lucas caracterizaran los escritos de este, que la brusquedad de Marcos apareciera en su libro. En tanto que Pablo escribía de una manera lógica, Juan lo hacía en una forma más mística.

Los autores fueron pasivos al cien por cien y también al cien por cien activos. No se les obligó a escribir mensajes que fuesen contrarios a su voluntad, como tampoco el no creyente se ve obligado a creer en contra de su voluntad: Dios crea las circunstancias en una forma tal que, cuando regenera el corazón del no creyente, hace que este desee apartarse de sus pecados y aceptar a Cristo como Salvador de manera natural. De un modo semejante, Dios tiene un mensaje —un mensaje exacto, con palabras precisas— que quiere que se escriba sin un solo error en el punto de una "i" o en el palito de una "t" (Cristo dice: "ni una jota ni una tilde"); por ello prepara a seres humanos para que lo hagan de manera voluntaria y activa.

Siglos antes de que Moisés naciera, Dios moldeó a sus tatarabuelas y tatarabuelos para que hicieran llegar hasta él las características adecuadas, a fin de que escribiera con una cierta perspectiva, con naturalidad y no de manera forzada. Se escogieron la madre y el padre adecuados para darle cierta preparación que lo capacitara para escribir con las emociones precisas que el Espíritu Santo deseaba. Le sobrevino la persecución, de modo que, oculto y encontrado en una cesta, se le educase en la cultura egipcia, porque el Espíritu Santo quería que aprendiera a leer y escribir y que poseyera una preparación legal, a fin de poder componer el Pentateuco. Luego, Dios dirigió las circunstancias que rodearon la muerte de un egipcio, lo cual obligó a Moisés a adentrarse en el desierto para estar solo durante muchos años, con objeto de enseñarle humildad y devoción, y que así pudiera escribir el Pentateuco también con ese espíritu.

Luego, cuando Dios hubo preparado todas las circunstancias en la forma adecuada —una vez que Moisés ya poseía las influencias hereditarias y las características personales apropiadas, cuando las experiencias que el Espíritu quiso darle moldearon su vida— Moisés, bajo la influencia del Espíritu, empezó a escribir exactamente aquello que este deseaba que escribiese. Y eso no se llevó a cabo de una manera forzada de dictado mecánico, ni el Espíritu Santo le susurró al oído aquello que tenía que escribir. Antes bien, influido por los muchos factores que habían intervenido en su vida hasta en el más mínimo detalle —aquellos que Dios había preparado con un propósito—, Moisés escribió con naturalidad y se expresó como lo hubiera hecho en la vida normal. Así, pues, utilizando su propia mente, sus propios recursos y sus características individuales, redactó las mismas palabras que el Espíritu Santo deseaba que escribiese. Desde luego que, al escribir, Moisés también recibió del Espíritu Santo revelaciones directas acerca de cosas que no conocía —tales como la creación del mundo o las profecías— y el Espíritu supervisó su acción de escribir de manera que no se filtraran en su trabajo los errores que se introducen normalmente en los escritos de cualquier persona.

El producto final fue verdaderamente obra de Moisés, ejecutada por *Él.* Moisés no actuó como un mero secretario o una pluma de la cual el Espíritu Santo se sirvió para escribir, sino que contribuyó con su propio pensamiento y sus experiencias. Estuvo al cien por cien activo en el proceso. Sin embargo —como Dios había controlado todos los factores que influyeron para que Moisés escribiera precisamente como lo hizo—, lo que Moisés escribió fue también un producto divino: el aliento de Dios, "espirado" por Él; el libro del Espíritu Santo en todas sus partes. En este sentido, Moisés estuvo igualmente pasivo al cien por cien. El Pentateuco fue tanto la palabra de Moisés como la Palabra de Dios.

CONCLUSIÓN

El resultado de esta actividad y este control del Espíritu Santo es un libro que, respecto a los demás libros, es lo que Jesús hombre es respecto a los demás hombres. Así como la gente notó que Jesús no hablaba como otros hombres, ni como los escribas, sino como quien tiene autoridad, también nosotros apreciamos que la

Biblia habla, no como otros libros, sino con autoridad. Del mismo modo que Jesús era alguien que poseía no solo la naturaleza humana sino también la divina, así la Biblia tiene no solo naturaleza humana, en cuanto fue escrita por hombres, sino también naturaleza divina, al haber sido escrita por Dios. Así como Jesús es la Palabra de Dios, también lo es la Biblia. Y del mismo modo que Jesús es Señor de señores, así también la Biblia es el Libro de los libros.

La Biblia, pues, es la Palabra misma de Dios, y no simplemente un documento que contiene dicha palabra. Es Dios hablando a los hombres todos los días. Es un milagro vivo del aliento divino. Y por esta razón, como lo mencionamos al comienzo del presente capítulo, el hombre puede poseer esa certeza absoluta que los filósofos de todos los tiempos han buscado. Acudiendo a la Biblia es posible obtener un conocimiento verdadero y cierto que satisface, en forma profunda, esa ansia natural del hombre. Por consiguiente, alabemos también al Espíritu Santo por esta tercera acción estupenda: no solo por su acción en la Creación, no únicamente por su actividad penetrante en el campo de la gracia común que hace que se pueda vivir en este mundo, sino también por hacer posible que oigamos precisamente en este momento, y durante toda nuestra vida, la voz de Dios, contenida de modo permanente e infalible en la Biblia.

[1]Profecía debe tomarse en el sentido oficial de hablar *en nombre de* Dios, no solo acerca de cosas futuras (predicciones) sino también de cosas que ya han sucedido o que son mandamientos de Dios.

[2]Este argumento es válido solo si el griego se traduce, como en el caso de la versión Reina-Valera, por "palabra profética más segura". Lo que se compara es la palabra dada en el monte de la Transfiguración y la palabra de profecía. Muchos comentaristas modernos, sin embargo, traducen el pasaje como "tenemos la palabra profética asegurada"; es decir, confirmada por la palabra en el Monte.

5

El Espíritu Santo y la iluminación

En el capítulo anterior vimos que la Revelación es la fuente de todo conocimiento. Dios ha dado al hombre dos clases de revelación: la general y la especial. La Revelación general se encuentra en cualquier parte del mundo creado; la Revelación especial es la Biblia. Estas dos revelaciones son la fuente de todo conocimiento. Si bien la Revelación general es fuente de conocimiento, no se puede interpretar bien sin la Biblia. Ya explicamos que la Biblia, por medio de la acción comprensiva del Espíritu Santo, es la voz constante de Dios y no contiene error. Si alguien quiere poseer un conocimiento verdadero, debe acudir a estas dos revelaciones; en ellas puede conseguir la certeza que busca.

Afirmamos, sin embargo, que no es suficiente que nuestro conocimiento posea una revelación externa y objetiva en donde se encuentre infaliblemente inscrita la Verdad. Esto bastaba en una época cuando el pecado no había entrado en el mundo, cuando Adán y Eva aún eran inocentes. Pero una vez que el pecado estuvo en el mundo, tanto la Revelación general como la especial resultaron insuficientes para proporcionar el conocimiento verdadero. No es que estas dos revelaciones no bastaran en sí mismas o fueran deficientes; al contrario: en cuanto a la Revelación general, el mundo creado revelaba claramente las cosas invisibles de Dios (Ro. 1:20); y en cuanto a la Revelación especial, el Espíritu

Santo nos proporcionó la Biblia que, en las lenguas originales, es infalible tanto en las palabras mismas como en sus letras más pequeñas, sus "jotas y tildes". Las revelaciones son perfectas, claras y sencillas, la deficiencia no está en ellas: son perfectamente suficientes para darle al hombre un conocimiento absoluto.

El problema está, sin embargo, en el hombre, y en este capítulo veremos cómo el disfrute de la vista o la iluminación de la mente para que el ser humano pueda leer bien la Biblia, también son obra del Espíritu Santo. En primer lugar, deberíamos caer en la cuenta de que el hombre necesita iluminación espiritual. En segundo lugar, tendríamos que advertir que el único que puede colmar esa necesidad es el Espíritu Santo.

1. LA CEGUERA DEL HOMBRE

El Nuevo Testamento señala que el hombre natural es ciego, tan ciego que no puede ver las verdades más claras ni aunque se las presente un apóstol. Lucas refiere que Lidia, juntamente con otras mujeres que se encontraban a la orilla del río, oyeron predicar a Pablo y el Señor abrió el corazón de ella para que oyera las cosas que hablaba el Apóstol (Hch. 16:14). La conclusión evidente es que, cuando empezó a escuchar, Lidia no entendía nada: en lo espiritual tenía embotado el corazón. Su comprensión estaba entenebrecida, para utilizar la descripción que hace Pablo de los efesios gentiles (Ef. 4:18). Podía entender el griego que se hablaba, pero no el significado verdadero de las palabras. Pero cuando el Señor abrió su corazón, estuvo en condiciones de comprender lo que se le decía. Sin el Señor no tenía comprensión espiritual alguna: estaba ciega.

Pablo describe la ceguera del alma como un velo que hay sobre el corazón (2 Co. 3:12-18). Al hablar de los judíos inconversos, el Apóstol dice que la mente de ellos estaba ciega: cuando se les leían los escritos de Moisés no los entendían. Esta falta de comprensión no era debida a que los escritos de Moisés fueran difíciles, sino más bien al velo que cubría sus corazones. Ese velo estaba ahí porque ellos no habían sido regenerados, pues Pablo dice: "Pero cuando se conviertan al Señor, el velo se quitará" (v. 16) y entenderán.

Quizá el pasaje de la Escritura que muestra en forma más clara la incapacidad del hombre natural para entender cosas espirituales sea 1 Corintios 1 y 2. Ahí Pablo dice que los réprobos, cuando oyen el evangelio, lo consideran sin sentido: "Porque la palabra de la cruz es locura a los que se pierden" (1 Co. 1:18). El hombre natural no lo puede entender; si pudiera hacerlo, entonces habría muchos sabios, muchos nobles y poderosos que serían cristianos. Pero este no es el caso: "Pues mirad, hermanos, vuestra vocación, que no sois muchos sabios según la carne, ni muchos poderosos, ni muchos nobles" (1 Co.1:26). La razón de que las personas inteligentes no acepten el cristianismo es que todas las mentes están ciegas —sin importar su coeficiente intelectual—, a menos que hayan sido regeneradas. Pablo afirma, en términos inequívocos, que "el hombre natural no percibe las cosas que son del Espíritu de Dios" (2:14). No dice el hombre natural poco inteligente o sin educación o cultura, sino simplemente el hombre natural. Sea cual fuere su inteligencia, ese hombre natural sencillamente "no percibe las cosas que son del Espíritu de Dios", las tiene por "locura". Rechaza el relato de la Creación por considerarlo contrario a unos hechos científicos obvios. Tiene la historia de Adán y Eva y de la serpiente por fantasía, y que el Nuevo Testamento diga que Jesús es Dios lo atribuye a unos autores ingenuos que vivieron mucho después de aquel tiempo y que, por tanto, no conocían muy bien los hechos. La expiación por sustitución la encuentra ridícula. La predestinación es para él evidentemente incompatible con la responsabilidad humana. Que un Dios omnipotente y al mismo tiempo santo predetermine el pecado lo considera absurdo. En consecuencia, creyéndose sabio llega a ser un necio (Ro. 1:22) y considera las cosas del Espíritu de Dios como locura (1 Co. 2:14). Pablo vuelve a afirmar en forma enfática esta misma enseñanza cuando dice: "No las puede entender". Le es imposible conocerlas. La razón es —prosigue Pablo— que las cosas de Dios se juzgan espiritualmente; es decir, solo una persona que posee el Espíritu de Dios las puede entender. Y como el hombre natural no posee el Espíritu Santo, no puede hacerlo.

Si bien la Biblia nos dice que el hombre natural está completamente ciego, no se debe suponer que el regenerado tenga una visión perfecta. El Salmista dice: "Abre mis ojos, y miraré las maravillas de tu ley" (Sal. 119:18). En el Antiguo Testamento hay cosas maravillosas que son muy claras para cualquiera que pueda ver, y el Salmista las tiene delante. No pide otra cosa que la Ley, pero es incapaz de ver aquello que está frente a él. Por eso le ruega a Dios que abra sus ojos espirituales para poder percibir esas "maravillas". En una palabra, David era parcialmente ciego a pesar de estar regenerado.

El Nuevo Testamento también presupone la ceguera parcial del cristiano. Lucas, al relatar los acontecimientos que precedieron a la Ascensión, explica que cuando Jesús comunicó a sus discípulos las profecías del Antiguo Testamento "les abrió el entendimiento para que comprendiesen las Escrituras" (Lc. 24:45). En otras palabras, que antes de que Jesús les abriera la mente no podían entender las Escrituras, aunque quizá las habían leído un centenar de veces: tenían la mente cerrada.

En Efesios 1:17,18, Pablo pide que el Dios de Nuestro Señor Jesucristo "os dé [a los efesios] espíritu de sabiduría y de revelación en el conocimiento de él, alumbrando los ojos de vuestro entendimiento, para que sepáis cuál es la esperanza a que él os ha llamado, y cuáles las riquezas de la gloria de su herencia en los santos". Estas grandes bendiciones se hallaban delante de aquellos efesios regenerados y las estaban experimentando; con todo, no las conocían plenamente: no las podían ver. No era porque los efesios no fueran inteligentes o educados —hay razones para creer que se trataba de hombres muy entendidos—, ni tampoco porque Pablo no les hubiese hablado de estas verdades. En Hechos 20 leemos que el Apóstol les había presentado todo el consejo de Dios, día y noche, con lágrimas, durante tres años. Era porque aún estaban parcialmente ciegos: aunque eran cristianos y, por tanto, nacidos de nuevo y habían sido trasladados del reino de oscuridad al Reino de la luz, sin embargo, no se habían despojado de toda su ceguera. Por ello, Pablo pide que Dios les dé el Espíritu de sabiduría y revelación: que sus ojos sean alumbrados, para que puedan ver las riquezas del evangelio de Cristo Jesús.

Así, pues, la enseñanza inconfundible de la Escritura es que la sabiduría se encuentra en la doble revelación de Dios: el mundo creado y la Biblia. Ambas revelaciones son claras. Pero el pecado ha entenebrecido la mente del hombre. El hombre regenerado, en quien el Espíritu Santo ha comenzado su acción santificadora, puede por lo menos vislumbrar estas verdades; pero el hombre natural no es capaz de ver nada. Debería poder percibir estas verdades en la revelación de Dios, porque son absolutamente claras, pero no puede. Llevemos a una persona al campo abierto en un día de verano, diáfano y sin nubes, en el momento que el Sol está en su meridiano, pidámosle luego que lo mire y preguntémosle qué ve. Si dice que no ve nada, entonces tengamos la seguridad de que está ciego, totalmente ciego, y que necesita ir al oftalmólogo. De la misma manera, presentemos a un hombre la diáfana Palabra de Dios, la cual testifica claramente acerca de la divinidad de Jesucristo, del pecado del hombre y de que Cristo es el único camino de salvación, y luego preguntémosle si reconoce estas verdades. Si dice: "No veo que sean verdades; son fantasías, creaciones de la imaginación del hombre, tonterías que solo creen los ignorantes", entonces sabremos que ese hombre está ciego, completamente ciego. No puede ver nada. Debería ser capaz de ver, porque la Escritura no puede ser más clara: es tan brillante como el Sol. Si no percibe las verdades, entonces es que está espiritualmente ciego. Como dice la Escritura, el hombre natural no percibe las cosas de Dios, tiene el corazón cubierto por un velo, tiene los ojos cerrados...

2. LA ILUMINACIÓN DEL ESPÍRITU

Para adquirir un conocimiento verdadero no basta, pues, con poseer la clara revelación de Dios: el hombre tiene también que ser capaz de ver. Y es precisamente ahí donde entra otra vez el Espíritu Santo, dándole al se humano no solo un libro infalible, sino también ojos para que pueda leerlo.

Algunos de los pasajes ya mencionados muestran claramente que solo Dios es capaz de abrir los ojos espirituales y no el hombre. El Salmista, al sentirse incapaz de hacerlo por sí mismo, le pide a Dios que lo lleve a cabo, suplicándole: "Abre mis ojos, y miraré las maravillas de tu ley" (Sal. 119:18). Había tratado de abrirlos él mismo, pero no había podido. Por ello le pide a Dios —el único que puede hacerlo— que le abra los ojos. Del mismo modo, Lucas dice que fue el Señor quien abrió los ojos de los discípulos para que pudieran entender; y leemos que fue Él también quien abrió el corazón de Lidia para que comprendiera.

De manera más específica, sin embargo, es la tercera persona de la Trinidad —no el Padre o el Hijo— quien ilumina la mente del hombre. Así como el Espíritu Santo da la comprensión y la sabiduría naturales en primer lugar (*cf.* Cap. 2), es también él quien restaura dicha sabiduría después de que el hombre ha caído.

Esto está profusamente claro, especialmente en cuatro pasajes de la Escritura. En 1 Corintios 2, Pablo afirma que no fue a Corinto "con excelencia de palabras o de sabiduría" (v. 1), y prosigue diciendo: "Ni mi palabra ni mi predicación fue con palabras persuasivas de humana sabiduría, sino con demostración del Espíritu y de poder, para que vuestra fe no esté fundada en la sabiduría de los hombres sino en el poder de Dios" (1 Co. 2:4,5). En otras palabras, ni Pablo ni ningún otro hombre es capaz de comunicar fe, ni el conocimiento necesario para esa fe, por medio de la oratoria, la elocuencia o la lógica. Antes bien, esta fe viene por la demostración y el poder del Espíritu Santo. Es Él quien entra en nuestro corazón en una forma indescriptible y misteriosa, quien convence a la persona de manera irresistible de la verdad del Evangelio, y quien, por tanto, la hace creer. De ahí que la fe de los corintios no se apoye en algo tan superficial como la sabiduría de los hombres, sino en el poder del Espíritu Santo.

Más adelante —en ese mismo capítulo— Pablo insiste sobre el mismo punto al contrastar al hombre natural con el espiritual (1 Co. 2:14,15). El hombre natural, como hemos visto, está ciego y, por consiguiente, no puede percibir las cosas del Espíritu de Dios. "En cambio el espiritual juzga todas las cosas" (1 Co. 2:15). Cuando habla de la persona "espiritual", Pablo quiere decir la persona en la que mora el Espíritu Santo. Solo una persona así —dice el Apóstol— puede juzgar y discernir todas las cosas. Por consiguiente, es necesario el Espíritu Santo para la iluminación de la mente.

En Efesios 1:17, Pablo dice también —muy claramente— que es el Espíritu Santo quien alumbra la mente; porque pide, no que se les agudice la inteligencia a los creyentes —no se trata de conocimiento nuevo—, sino específicamente que reciban el Espíritu de sabiduría y revelación para que "los ojos de su entendimiento" sean iluminados y puedan conocer las cosas del Espíritu de Dios.

A los tesalonicenses, por su parte, les dice que el Evangelio no les había llegado solo con palabras —ya fuesen escritas u orales— sino que había ido acompañado del poder del Espíritu, de modo que fue recibido con gran gozo (1 Ts. 1:5-6).

Finalmente, Juan escribe que sus lectores tienen "la unción" (es decir, al Espíritu Santo) en ellos. La consecuencia —dice— es que "conocéis todas las cosas" (es decir, las cosas básicas, espirituales [1 Jn. 2:20]) y que "la unción misma os enseña todas las cosas" (v. 27).

En resumen: cuando el Espíritu Santo entra en la vida de una persona, la ilumina, le da entendimiento, la enseña, abre sus ojos, quita el velo de su corazón y sensibiliza el mismo para que pueda conocer las cosas del Espíritu de Dios. Sin este el hombre está ciego para ver las verdades de la Revelación; pero cuando hay demostración del Espíritu y de poder, el hombre conoce las cosas.

Debería observarse cuidadosamente que el Espíritu Santo no ilumina al hombre comunicándole una revelación secreta o conocimiento nuevo. No ha habido más revelaciones desde que se completó la Biblia. La Revelación especial concluyó con el Nuevo Testamento. Además, otorgar revelaciones nuevas sería tan inútil como tratar de que el ciego viera colocando dos soles en el firmamento, en vez de uno. No, el Espíritu Santo no ilumina al hombre dándole más conocimiento, sino actuando misteriosamente en su corazón; a fin de que pueda ver la Revelación ya dada. El Salmista no necesitaba otra ley, sino que se le abrieran los ojos para ver la Ley que ya tenía delante. Los judíos inconversos no precisaban de revelaciones adicionales a las de Moisés, sino que se les quitara el velo del corazón. Y tampoco los efesios necesitaban otro evangelio, sino que se disipara la oscuridad que les impedía ver el evangelio que Pablo ya les había predicado.

Y cuando Pablo escribe a los tesalonicenses diciéndoles: "Nuestro evangelio no llegó a vosotros en palabras solamente, sino también en poder, en el Espíritu Santo y en plena certidumbre", no está diciendo que les dio un mensaje nuevo, sino que el antiguo les llegó en una nueva forma. De manera semejante, la razón por que los cristianos de Corinto pudieron entender el Evangelio —en tanto que otros sabios no podían—, no fue por una revelación nueva que se les hubiera dado, sino por la revelación antigua, la cual les había llegado con "demostración del Espíritu y de poder".

Esta iluminación se podría comparar con la apertura de los ojos de Balaam, cuando el ángel del Señor se le interpuso. El ángel estaba allí; y el asno podía verlo, pero no Balaam. A fin de que este último lo percibiera, Dios no tuvo que colocar otro ángel delante de él, sino simplemente abrirle los ojos para que pudiese ver al que ya estaba allí.

Esta iluminación podría también compararse con el efecto de un telescopio, sin el cual el hombre no ve las estrellas que están en la lejanía. Lo que necesita el hombre es un ojo nuevo, un telescopio, a fin de poder ver aquello que tiene ante sus ojos.

El telescopio no pone un objeto nuevo delante de la persona, sino que hace visible lo que ya está ahí; así sucede con la iluminación por medio del Espíritu Santo: el Espíritu abre los ojos espirituales del hombre para que este vea la Revelación que ya tiene delante. Mil revelaciones nuevas no ayudarían a que el hombre viera, si no puede ver ninguna. La iluminación, pues, consiste no en comunicar un conocimiento nuevo, sino en abrir los ojos del hombre para que vea lo que está claramente delante de él.

CONCLUSIÓN

Estos hechos explican algunos sucesos que, de otro modo, serían enigmáticos. A veces, se piensa: "Si el cristianismo es tan bueno, si ofrece los mayores beneficios para este mundo y el mundo venidero, si es tan lógico, si es la fuente de todo conocimiento verdadero, entonces, ¿por qué no cree más gente? ¿Por qué las iglesias no están integradas en su mayoría por graduados de universidad y profesionales? ¿Por qué los más educados no llenan las iglesias?

La respuesta es, desde luego, que hacerse cristiano no depende de la sabiduría del hombre sino de la acción iluminadora del Espíritu Santo, que hace que quien está espiritualmente ciego pueda ver. Por esta misma razón, en ocasiones, las personas con menos probabilidades aceptan a Cristo.

A veces miramos a alguien desde un punto de vista humano y pensamos: "Esta persona está perdida sin remedio. Se encuentra demasiado cerrada para llegar a ser cristiana. Nada le importa. Está demasiado endurecida por el pecado. Lanza juramentos terribles. Su vida es escandalosa". Y, sin embargo, para sorpresa nuestra, la persona en cuestión se vuelve receptiva al Evangelio: ese pecador endurecido que nunca derramó una lágrima en su vida, acude a Cristo lloroso. No puede seguirse resistiendo al ofrecimiento de la Salvación, como la margarita no es capaz de resistir el ser aplastada bajo la pezuña del elefante. Esto ocurre así porque llegar a ser cristiano no depende del hombre, sino del Espíritu Santo. Nada tiene que ver el hecho de que una persona sea un genio o un criminal empedernido. Su sabiduría no lo salvará, ni su maldad lo condenará. Pero si el Espíritu Santo actúa dentro de su corazón, ese corazón duro se suaviza, se derrite... O como lo expresa Ezequiel: el corazón de piedra se vuelve corazón de carne; toda resistencia desaparece y la persona acepta a Cristo. La Salvación depende de Dios y no del hombre.

Por consiguiente, si queremos hacer discípulos para Cristo, debemos pedir que el Espíritu Santo ilumine a la persona con la cual estamos trabajando. De otro modo, nuestros esfuerzos de nada servirán. Podemos llevar a un amigo inconverso a escuchar al predicador más elocuente y popular, podemos argüir con él con la lógica más abrumadora y brillante (y el cristianismo posee una lógica sorprendente), podemos acercarnos a él en la forma más sutil, discreta y sabia, podemos hablarle hasta quedar sin aliento, pero de nada servirá si el Espíritu Santo no abre sus ojos y le quita el velo del corazón para que pueda ver la Verdad y creer. Así, pues, para cumplir con la misión de hacer discípulos, el requisito primordial es orar para que el Espíritu Santo abra el corazón del no creyente. Cuando esto sucede, hasta nuestra mayor necedad no puede impedir que la persona entienda. Quizá gran parte del desaliento que se experimenta en la evangelización personal se deba al hecho de que, al entregar folletos y dar testimonio, no hemos pedido la acción iluminadora del Espíritu Santo en la vida de aquel con quien estamos tratando.

Respecto a nuestra propia comprensión, también debemos pedir la iluminación del Espíritu Santo. Recordemos que los efesios a quienes Pablo escribía ya eran cristianos. Es a ellos a los que dirige ese capítulo 1 tan maravilloso, mostrándoles que el fundamento de su fe estaba en el amor eterno y predestinador de Dios. Sin embargo, en ese mismo capítulo, pide que Dios les conceda el Espíritu de sabiduría y revelación a fin de que se iluminen los ojos de su comprensión y puedan conocer las glorias del evangelio de Cristo. Lo mismo nos sucede a nosotros: aún nos ciegan unas considerables tinieblas (a algunos más que a otros); aún no estamos libres de la ceguera ni podemos ver tan claramente como debiéramos. Por ello, los cristianos hemos de orar constantemente para que el Espíritu de sabiduría y revelación venga a iluminar nuestros ojos y nos haga ver más claramente las grandes verdades de la Revelación.

Así, pues, como conclusión de este capítulo y del anterior se puede afirmar que el cristianismo posee el secreto de todo conocimiento verdadero: la doble operación del Espíritu Santo. Dicho conocimiento depende de la acción del Espíritu en la Biblia —la voz eterna de Dios, fuente de todo conocimiento y hasta de la interpretación correcta de la Revelación natural— y, también, de la iluminación de la mente por del Espíritu Santo. Si alguien confía en estas operaciones del Espíritu, podrá alcanzar aquello que los filósofos han estado buscando desde el principio de los tiempos: el conocimiento verdadero. Y quedará satisfecho.

6

El Espíritu Santo y Jesucristo

Para el que no está muy familiarizado con la acción del Espíritu Santo no es menos que una sorpresa preciosa descubrir el papel tan importante que Él desempeña en este universo. A quien está acostumbrado a pensar en el Espíritu solo en función de la regeneración y la santificación, le sorprende caer en la cuenta de que Él es también el perfeccionador de la Creación, el mediador de la gracia común, el autor de la Revelación especial y el fundador, de hecho, de la Iglesia de Cristo. En este capítulo pasamos a otra acción importante del Espíritu Santo: su actividad en la vida de nuestro Dios y Salvador, Jesucristo.

Para entender la acción del Espíritu Santo en Cristo Jesús es necesario recordar el concepto de Cristo que tiene la Biblia. Se trata de la segunda persona de la Divinidad, y ha sido engendrado eternamente por el Padre. Es totalmente Dios: eterno, incomprensible, todopoderoso, omnisciente y omnipresente. En la plenitud del tiempo, vino voluntariamente a la Tierra para tomar la naturaleza humana; de modo que pudiera llamarse al mismo tiempo Dios y hombre. Siguió siendo Dios y, además, se hizo hombre: fue diferente de todos los seres vivos que han habitado la Tierra, en el sentido de que no solo era plenamente hombre, sino también plenamente Dios.

Debido a esta gran verdad, los cristianos han dudado a veces de la necesidad de la acción del Espíritu Santo en Cristo. "Si Cristo es Dios —razonan algunos—, no necesita del Espíritu Santo: puede hacer todo lo que quiera". Por consiguiente, se relega al Espíritu Santo a un papel muy secundario en la vida de Jesús.

Pero este es un error nacido tanto de una insistencia exagerada en la divinidad de Cristo como de minimizar su humanidad. En cuanto a la naturaleza divina de Jesús —su deidad— el Espíritu Santo tiene poca influencia; porque la segunda persona de la Trinidad es igual a la tercera. Pero en lo que respecta a su naturaleza humana —su humanidad—, Cristo sí que necesita de la presencia constante del Espíritu.

Jesús siguió siendo plenamente hombre al tiempo que era plenamente Dios. El hecho de que su naturaleza humana fuera indivisible e inseparable de su naturaleza divina no quería decir que aquella cambiara para fusionarse con esta última (una formulación breve y hermosa de esta verdad la tenemos en el Símbolo de Calcedonia, escrito en el año 451). La unión de las dos naturalezas no significó que su naturaleza divina comunicara cualidades divinas —tales como la omnipotencia o la omnisciencia— a su naturaleza humana y que, por consiguiente, Jesús dejara de ser verdadero hombre para ser solamente Dios. No hubo transferencia alguna de características divinas de la deidad de Cristo a su naturaleza humana o humanidad, de forma que Jesús acabara por tener dos naturalezas divinas en lugar de una divina y otra humana. Su naturaleza divina no deificó su naturaleza humana; antes bien, las Escrituras nos dicen que Jesús siguió siendo Dios y, al mismo tiempo, fue tan plenamente hombre: que nació y pasó por la infancia hasta hacerse adulto; fue tentado tal como nosotros lo somos (He. 4:15); no sabía ni el día ni la hora de su Segunda Venida (Mr. 13:32); y fue abandonado por Dios en la Cruz (Mt. 27:46). Sus dos naturalezas siguieron siendo distintas: Cristo era plenamente Dios y plenamente hombre; eterno y, sin embargo, finito.

Siendo así que Jesús era hombre, el Espíritu Santo pudo actuar en toda su vida. La Biblia nos indica que así fue como ocurrió; y cuando el cristiano la lee, advierte que el Espíritu Santo actuó en la vida de Cristo Jesús desde su encarnación hasta su gloria final. Veamos ahora cómo ocurrió...

1. SU ENCARNACIÓN
La acción del Espíritu Santo fue necesaria en el comienzo mismo de la vida humana de Jesús, en su encarnación. La palabra *encarnación* significa el acto por el cual la segunda persona de la Trinidad, sin dejar de ser Dios, "fue hecho carne, y habitó entre nosotros" (Jn. 1:14). Este acto lo llevó a cabo el Espíritu Santo; como se ve, tanto en la afirmación de Mateo de que María "se halló que había concebido del Espíritu Santo" (Mt. 1:18), como en el anuncio del ángel a María: "El Espíritu Santo vendrá sobre ti, y el poder del Altísimo te cubrirá con su sombra" (Lc. 1:35). El Espíritu Santo es el causante de la concepción de Jesús. Es Él —y no el Padre, ni el Hijo, ni mucho menos José— quien sembró la semilla de vida, en forma misteriosa, en el seno de María. Esto no significa que las otras personas de la Trinidad no participaran en la Encarnación; porque, como vimos al tratar de la Creación, las tres personas están activas en todas las cosas en este mundo. Sin embargo, es posible decir —basándonos en la Escritura— que dos de las personas de la Trinidad actúan a través de la otra. Así sucedió en la concepción de Jesús: fue un acto del Dios Trino. El Padre fue coautor de la Encarnación, como puede verse por las palabras de Cristo al Padre: "Sacrificio y ofrenda no quisiste; mas me preparaste cuerpo" (He. 10:5). En otras palabras: el Padre preparó la naturaleza humana de Cristo (llamada en este caso "cuerpo"). El Hijo también fue coautor de su propia encarnación (haciéndose hombre). No nació en forma pasiva —como nosotros—, sino activa. De manera voluntaria escogió ser concebido en el seno de María (Pablo revela esto cuando afirma que Cristo, "siendo en forma de Dios, no estimó el ser igual a Dios como cosa a que aferrarse, sino que se despojó a sí mismo, tomando forma de siervo" [Fil. 2:6,7]). En resumen, Cristo y el Padre —al igual que el Espíritu— estuvieron activos en la venida del primero a la Tierra.

Si bien la Encarnación fue un acto de las tres personas de la Divinidad, sin embargo, constituyó sobre todo la obra del Espíritu Santo. Él —y no el Padre o el Hijo— fue la causa eficiente por la cual María concibió un niño. Como dice Lucas, "el poder del Altísimo" efectuó la concepción de Jesús; y como lo confiesa el Credo de los Apóstoles, Jesús no fue concebido del Padre ni de sí mismo, sino del Espíritu Santo. Por consiguiente, en este sentido especial, el Espíritu fue el indicador y la causa eficiente de la Encarnación.

Adviértase que si bien Jesús fue concebido del Espíritu Santo, de forma que pudiera ser llamado "hijo del Espíritu Santo" (*cf.* Mt. 1:18), esto no significa que el Espíritu fuera el Padre de Jesús. La paternidad depende de algo más que de ser el causante de que algo sea; de lo contrario, un avión de juguete se podría designar como hijo de un muchacho o llamarse a un vestido hijo de la modista que lo hizo. La relación del Espíritu Santo con la naturaleza humana de Cristo es la que hay entre Creador y criatura. La primera persona de la Trinidad —no la tercera— es el Padre de Cristo.

Este acto de concepción por parte del Espíritu Santo resultó esencial para que Jesucristo fuera sin pecado; lo que, a su vez, era necesario para que pudiera ser nuestro Salvador. Dicho acto preservó a Cristo del pecado original, que es la herencia de toda persona que nace en este mundo. Por la concepción y el nacimiento el hombre nace pecador, manchado, uno entre tantos otros pecadores. Por medio de la concepción Cristo fue "santo, inocente, sin mancha, apartado de los pecadores" (He. 7:26). El hombre es concebido y nace en pecado (Sal. 51:5), pero Cristo fue concebido y nació en santidad.

Para ampliar esto hay que decir que todo hombre hereda dos elementos del pecado original: primero una culpa, la cual hereda de Adán, quien actuó como representante suyo en el huerto del Edén; y segundo una naturaleza corrompida que está inclinada a todo mal. Este pecado original es suyo antes de que sea capaz de pecar en la práctica. Le acompaña desde su nacimiento; y luego, si Dios no interviene, esa naturaleza corrompida con que nace, y que al principio parece tan inocente, se manifestará en toda clase de pecados.

Como resultado de su concepción del Espíritu Santo, Cristo fue preservado de este doble aspecto del pecado original. Él, y no María, fue concebido sin mancha.[1] Fue verdaderamente hombre, "tentado en todo según nuestra semejanza, pero sin pecado"

(He. 4:15). "No conoció pecado" (2 Co. 5:21), "no hizo pecado" (1 P. 2:22), fue como "un cordero sin mancha y sin contaminación" (1 P. 1:19) y fue "santo, inocente, sin mancha, apartado de los pecadores" (He. 7:26).

Esto significa que al menos en las dos formas en que el hombre se convierte en pecador con solo nacer, Cristo fue sin pecado por su nacimiento: no heredó la culpa del pecado representativo de Adán —como todos los demás hombres (Ro. 5:12 ss.)—, ni recibió una naturaleza humana que fuera moralmente corrupta; antes bien, su naturaleza humana era inmaculada y moralmente hermosa. Y esta pureza inmaculada de Cristo se debió a la operación del Espíritu Santo, mediante la cual Jesús fue concebido en forma inmaculada y milagrosa, sin la participación de José.

Así, pues, el Espíritu Santo resultó necesario en la vida de Cristo desde su mismo comienzo. Y fue necesario por dos razones: primero, para que Cristo pudiera nacer; y, segundo, para que su naturaleza humana fuera preservada de la culpa y la corrupción del pecado de Adán, a fin de que pudiera ser nuestro Salvador.

2. EL ESPÍRITU SANTO MORÓ EN ÉL

El Espíritu Santo no solo mantuvo a Jesús libre del pecado en todas sus formas, sino que fue también el autor de la santidad que había en la naturaleza humana de Jesús. Esto se da a entender, desde luego, cuando se afirma que Jesús estuvo libre de pecado; porque si alguien está libre de pecado, debe de ser completamente santo. En el alma no puede haber vacío alguno: la ausencia de mal significa la presencia de santidad.

Que el Espíritu Santo sea el autor de la santidad en la naturaleza humana de Jesús se halla implícito en el hecho, que ya hemos visto, de que el Espíritu es el autor de toda vida, tanto natural como espiritual: es el dador de los logros intelectuales, estéticos y morales. Esto es así tanto en el caso de la naturaleza humana de Cristo como en la de los hombres en general.

Además, al hablar de Jesús, Juan específicamente menciona que "Dios no da el Espíritu por medida" (Jn. 3:34). A nosotros, Dios nos concede el Espíritu Santo parcialmente —nunca en plenitud—, pero a Cristo se lo dio, no por medida, sino sin ella: sin límite, en su totalidad y plenamente. Esto se refiere, como es natural, a Cristo solo en tanto que hombre y no como Dios, y significa, además, que el Espíritu Santo moró en Jesucristo como hombre.

El Espíritu vino a hacer su morada en Cristo en una forma más o menos igual que lo hace en los cristianos. De hecho, Jesús quizá hablaba de este morar del Espíritu cuando se refirió a su propio cuerpo como el templo que reedificaría tres días después de que los judíos lo destruyeran.

3. SU CRECIMIENTO

Si bien es cierto que el Espíritu moró sin medida en Jesús como hombre, también es cierto que un hubo crecimiento en la vida espiritual de Cristo. Este es uno de los aspectos más fascinantes de la Escritura y que a menudo se niega, especialmente por parte de aquellos que, como reacción contra el modernismo, desean salvaguardar la divinidad de Cristo contra toda clase de ataques.

Lucas desvela este crecimiento en forma bien definida cuando afirma: "Y el niño crecía y se fortalecía, y se llenaba de sabiduría; y la gracia de Dios era sobre él" (Lc. 2:40). Es probable que el Evangelista quisiera decir que el niño "crecía" físicamente y "se fortalecía" intelectual y moralmente; ya que sería repetitivo que tanto el crecer como el fortalecerse se refiriera a lo mismo: a su vida física. Además, en Lucas 1:80 estas mismas palabras ("y el niño crecía, y se fortalecía") se emplean para Juan el Bautista, con la añadidura de las palabras "en Espíritu" después de la expresión "se fortalecía". Este desarrollo se confirma también en el versículo 52, donde Lucas dice que "Jesús crecía en sabiduría y en estatura, y en gracia para con Dios y los hombres".

En otras palabras, Lucas nos dice que hubo crecimiento en la vida espiritual e intelectual de Jesús. No nació adulto como Adán, de forma que tuviera que hacer creer que era niño, sino que nació como un verdadero niño. Tuvo que crecer como cualquier niño normal durante la infancia, hasta llegar a caminar y hablar, a aprender y desarrollarse, para alcanzar la edad adulta. En el capítulo 2 Lucas llama a Cristo, primeramente, niño (vv. 12 y 16); luego, otra vez, niño (v. 40); luego niño de 12 años (vv. 42

y 43); y, finalmente, Jesús (v. 52). Esto indica que Cristo fue verdaderamente hombre, y que su naturaleza humana no resultó dotada, gracias a su unión con la naturaleza divina, de atributos divinos tales como poder absoluto, conocimiento total e infinitud. Antes bien, nació como niño —según dice la Biblia—, creció en sabiduría, como lo afirman expresamente los versículos 40 y 52, se desarrolló en espiritualidad y, debido a todo esto, "crecía [en realidad] en gracia para con Dios". Este gran misterio se puede entender en parte si recordamos que todo ese crecimiento ocurrió solamente en la naturaleza humana de Jesús: su deidad, desde luego, no podía crecer en lo más mínimo en ningún aspecto, ya que siempre ha sido completa.

Todo este crecimiento se debió al Espíritu Santo: no fue automático, ni tampoco resultó de que Jesús el hombre estuviera inseparablemente unido a la persona divina, de forma que como hombre poseyera omnisciencia. Porque eso destruiría la verdadera humanidad de Jesús. Y la Biblia nos dice que aun de adulto, en el transcurso de su ministerio, Cristo no conocía la fecha exacta de su Segunda Venida. Antes bien, este crecimiento espiritual e intelectual se debió a la operación del Espíritu Santo en la vida de Jesús. Isaías lo predijo cuando escribió: "Saldrá una vara [Jesús] del tronco de Isaí, y un vástago retoñará de sus raíces. Y reposará sobre él el Espíritu de Jehová; Espíritu de sabiduría y de inteligencia, Espíritu de consejo y de poder, Espíritu de conocimiento y de temor de Jehová" (Is. 11:1,2). En resumen, fue el Espíritu Santo quien vino sobre Jesús, sobre su naturaleza humana, y lo hizo crecer como infante y como niño, lo fortaleció, y lo hizo progresar en sabiduría, en estatura y en gracia delante de Dios y de los hombres. Como muchacho en crecimiento, Jesús necesitó al Espíritu Santo.

Si alguien se preguntara de qué manera pudo Jesús estar lleno del Espíritu en forma ilimitada (Jn. 3:34) y, sin embargo, crecer espiritualmente, no es difícil encontrar la respuesta. Esta radica en la distinción que hay entre la perfección de inocencia y la perfección de santidad, y en el hecho de que Jesús creció de la infancia a la edad adulta plena. Un niño, como Jesús, puede poseer la plenitud del Espíritu y, sin embargo, no ejercitar esa santidad. Puede poseer perfección de inocencia, en tanto que el adulto es capaz de tener la perfección de santidad. El niño Jesús tenía todas las inclinaciones y la voluntad de la santidad, pero simplemente, como era niño, no podía ejercitar la inteligencia y la voluntad de su naturaleza humana como lo hubiera hecho un adulto. Como niño, por ejemplo, ni siquiera podía hablar, y mucho menos razonar con los teólogos, como lo hizo a los 12 años de edad. No podía enfrentarse a elecciones entre el bien y el mal debido a que su mente humana no tenía el desarrollo suficiente como para entender los problemas éticos. Durante todo ese tiempo, sin embargo —hasta de niño—, el Espíritu residió en Él. La naturaleza y la disposición de Jesús eran completamente santas, si bien no se podían manifestar. Esta naturaleza santa estaba latente, y se iría ejercitando a medida que su mente creciera y se desarrollara. Tuvo que aprender, por ejemplo, obediencia (He. 5:8), aunque no porque fuera jamás desobediente y, por tanto, pecador. No lo fue. Pero tuvo que desarrollar esa disposición santa, innata, que el Espíritu Santo había puesto dentro de Él, pero que, durante su niñez, no podía manifestarse.

Vemos, pues, que el Espíritu Santo no solo fue necesario para la concepción y el nacimiento de Jesús, sino también para todo su período de crecimiento como niño y como joven que madura.

4. SU BAUTISMO

Otra prueba de la acción del Espíritu Santo en la vida de Jesús se ve en su bautismo, cuando el Espíritu Santo lo consagró y le otorgó poder para comenzar su ministerio público como Mediador. Aun después de que Jesús hubiera sido llenado con el Espíritu de sabiduría y comprensión, y hubiera crecido en gracia delante de Dios en su propia vida personal, siguió necesitando al Espíritu Santo —en una forma nueva— para su vida pública. Aparte de su vida santa, necesitó al Espíritu a fin de pertrecharse de las cualidades necesarias para desempeñar su misión de Mesías: Profeta, Sacerdote y Rey.

Esta comunicación de dones de parte del Espíritu Santo ocurrió en el bautismo. Leemos que al ser bautizado Jesús, “el cielo se abrió, y descendió el Espíritu Santo sobre él en forma corporal, como paloma" (Lc. 3:21,22). Antes de este suceso, no leemos nada del ministerio de Jesús en ninguno de los Evangelios; antes bien, solo se nos habla acerca de su nacimiento e infancia. Después del bautismo, oímos hablar ya de su ministerio de predicación y de ejecución de milagros; e inmediatamente tras la mención del bautismo, Lucas nos dice de manera expresa que Jesús comenzó a enseñar siendo de unos 30 años de edad (Lc. 3:23). Por ello sacamos la conclusión de que la comunicación del Espíritu Santo a Cristo en el bautismo fue con el propósito de pertrecharlo oficialmente para su ministerio público.

Jesús estaba consciente de esta unción de parte del Espíritu Santo para su ministerio oficial. Porque, inmediatamente después de su bautismo por el Espíritu, pronunció su primer sermón en Nazaret, utilizando como texto Isaías 61:1, en donde el profeta escribió: "El Espíritu del Señor está sobre mí, por cuanto me ha ungido para dar buenas nuevas a los pobres; me ha enviado [...] a predicar el año agradable del Señor" (Lc. 4:18,19). Después de sentarse dijo: "Hoy se ha cumplido esta Escritura delante de vosotros". En otras palabras: el Espíritu Santo había descendido sobre Él en ese tiempo para comunicarle poder a fin de que predicara el Evangelio en su ministerio público.

Que el Espíritu Santo también le comunicó poderes especiales para hacer milagros durante su ministerio se ve en uno de sus enfrentamientos con los fariseos, cuando les dijo a estos: "Si yo por el Espíritu de Dios echo fuera los demonios, ciertamente ha llegado a vosotros el reino de Dios" (Mt. 12:28). Y luego hace saber a los judíos que llamándolo Beelzebú, príncipe de los demonios, están blasfemando sobre todo contra el Espíritu Santo, ya que es este quien ejecuta en realidad esos milagros, si bien los hace a través de Jesús.

Una vez más vemos claramente que, en ocasiones, Jesús hacía milagros, no por el poder del Padre, ni tampoco porque como hombre hubiera recibido poder sobrenatural de la segunda persona de la Trinidad, sino porque el Espíritu Santo le había comunicado el don de ejecutarlos. Hechos 10:38 indica esta misma verdad, cuando Pedro afirma que "Dios ungió con el Espíritu

Santo y con poder a Jesús de Nazaret, y cómo éste anduvo haciendo bienes y sanando a todos los oprimidos por el diablo, porque Dios estaba con él". Así, pues, el bautismo, la predicación y los milagros de Jesús muestran que Cristo se dedicó al ministerio no en sus propias fuerzas, sino dotado de poder y dones por el Espíritu Santo.

5. SU TENTACIÓN

Otra gran obra del Espíritu en la vida de Cristo se revela en relación con sus tentaciones. Todas ellas ocurrieron bajo la dirección del Espíritu Santo.

Inmediatamente después del bautismo, a punto ya de ser tentado, leemos que estaba "lleno del Espíritu Santo". Probablemente esto se refiere al descenso del Espíritu en el bautismo. Luego, los Evangelios cuentan que fue "llevado por el Espíritu al desierto". Aunque Mateo y Marcos dicen "hacia o adentro" del desierto, Lucas indica en forma específica "al" desierto, y emplea el pretérito imperfecto, que nos indica, no un acto momentáneo, sino un período de tiempo. Esto significa que el Espíritu Santo no solo guió a Cristo al desierto, sino que todo el tiempo que Cristo permaneció allí estuvo con Él, guiándolo y ayudándolo a superar las tentaciones. Y después de que estas terminaron, Lucas dice que "volvió en el poder del Espíritu" (Lc. 4:14). En otras palabras: todo el período de la tentación, desde su comienzo hasta su fin, Jesús estuvo bajo el control del Espíritu Santo y, por medio del Espíritu, su naturaleza humana recibió la fortaleza para superar las graves tentaciones que lo asediaron. Cristo no triunfó porque su naturaleza divina infundiera sus cualidades propias a su naturaleza humana y la capacitara para resistir. No, porque en ese caso Jesús ya no habría sido un hombre. Por el contrario, siendo plenamente hombre, confió en el Espíritu que moraba en Él para resistir al mal.

Se puede dar por sentado que Cristo necesitó al Espíritu Santo no solo durante estas tentaciones, sino a lo largo de todas las pruebas sufridas durante todo su ministerio. Sabemos que después de estas primeras pruebas Satanás se apartó de Él solo "por un tiempo" (Lc. 4:13).

6. SU MUERTE
Este Espíritu maravilloso estuvo actuando desde la concepción misma de Cristo hasta el momento de su muerte. Hebreos 9:14 nos lo dice cuando afirma que Cristo "mediante el Espíritu eterno se ofreció a sí mismo sin mancha a Dios". Se alude aquí a la muerte de Cristo.

El cristiano debe su salvación, no solo a la muerte visible de Jesús —al acto externo de expirar—, sino también a su actitud interna al morir. Dios siempre exige una relación adecuada entre la actitud interna y la acción externa. No se complace con una simple conformidad externa a su voluntad, sino que debe de haber también una actitud paralela en el alma. No mira solo los labios que dicen "Señor, Señor" o los vasos que están limpios por fuera, sino que exige una actitud de amor perfecto hacia Él. Si Jesús hubiera ido a la Cruz en contra de su voluntad, protestando o estoicamente —solo por sentir que era algo necesario— y no de manera voluntaria, con un perfecto y ardiente celo y con fe en el Padre, no hubiera habido expiación. Si Jesús hubiera dicho: "Odio el tener que ir a la cruz. No quiero hacerlo, pero supongo que he de cumplir con mi deber", no habría logrado la Salvación. No se hubiera llevado a cabo la obra satisfactoria, ni hubiese habido justicia alguna disponible. No habría existido obediencia pasiva ni activa, las cuales son necesarias para la Salvación.

Pero, gracias al Espíritu Santo, Jesús ofreció un sacrificio perfecto. No se le obligó a morir contra su voluntad, sino que lo hizo voluntariamente. Fue a la muerte conociendo sus consecuencias, pero voluntariamente: con fe en Dios, amor, confianza y obediencia. Su actitud fue perfecta.

Y todo ello se debió al Espíritu Santo, como lo indica Hebreos 9:14 al decir que Jesús se ofreció a sí mismo sin mancha a Dios "mediante el Espíritu eterno". En otras palabras: fue el Espíritu Santo quien hizo que tuviera la actitud perfecta necesaria para efectuar nuestra redención. Sin Él no hubiera podido hacerlo; pero, por medio del Espíritu, Jesús fue a la cruz con una actitud perfecta y, al hacerlo, consiguió la redención para nosotros.

7. SU RESURRECCIÓN

La obra del Espíritu no terminó con la muerte de Jesús, sino que continuó hasta su resurrección. Si bien a veces la resurrección de Cristo se le atribuye al Padre (Hch. 2:24) y a veces al Hijo (Jn. 10:17-18), sin embargo, la Biblia nos proporciona indicios indirectos de que el Espíritu también estuvo activo de manera especial en la resurrección de Jesús. En Romanos 8:11 leemos que Dios Padre dará vida a nuestros cuerpos mortales por su Espíritu. Si el Padre actúa por medio del Espíritu en la resurrección cristiana, el paralelismo que utiliza la Biblia entre la resurrección del cristiano y la de Cristo sugeriría que también el Espíritu efectuó una acción peculiar en la resurrección de Jesús.

8. SU GLORIFICACIÓN

La acción final del Espíritu Santo en la vida de Cristo no se puede demostrar con ningún texto específico, sino que se deduce de muchos. Sabemos que el creyente es santificado totalmente por el Espíritu Santo. Deducimos también que el Espíritu es la fuente de toda vida religiosa pura, hasta la de aquellos que están en estado son pecado, tales como Adán (...........¿??). Es el Espíritu Santo el que mora en el hombre salvo para siempre, aun en el Cielo. Siendo este el caso, el Espíritu Santo, que comenzó a actuar en la naturaleza humana de Cristo y lo hizo desde su encarnación hasta su resurrección, también mora en su naturaleza humana glorificada, lo mismo que hace en todos los santos.

CONCLUSIÓN

Hay tres cosas que deberían subrayarse como conclusión. En primer lugar, hemos de recordar que Jesucristo fue hombre verdadero. En ninguna fase de su vida, su naturaleza divina hizo que, en virtud de su unión con su naturaleza humana, esta dejara de ser humana. No deificó la naturaleza humana de Jesús, ni la movió a pensar, hablar y actuar como Dios, porque eso hubiera sido una negación de la verdadera humanidad de Jesús. Antes bien, Jesús fue siempre plenamente hombre a la vez que plenamente Dios, y así sigue siendo actualmente en el Cielo.

Esto significa que la naturaleza divina de Cristo no hizo que el

Espíritu Santo resultara innecesario en su vida. Jesús, no como Dios sino como hombre, necesitaba al Espíritu, esto lo hemos visto repetidas veces. Siendo hombre lo precisó en su nacimiento, para guardarle del pecado; en su juventud, para que lo dotara de santidad, obediencia y sabiduría; en su bautismo, a fin de pertrecharlo para su ministerio mesiánico; en sus tentaciones, con objeto de capacitarlo para resistir el mal; y en su muerte, para habilitarle a fin de que llevara a cabo el sacrificio perfecto. En todas estas ocasiones la Escritura habla del Espíritu Santo como quien proporciona ayuda a Cristo; y negar esta necesidad de Jesús es violentar su verdadera humanidad atribuyéndole poderes divinos que no poseyó.

En segundo lugar, si Cristo, el hombre perfecto, quien fue concebido sin mancha y por consiguiente estaba libre del pecado original —tanto en su culpa como en su corrupción—, dependió del Espíritu Santo, cuánto más lo necesitamos nosotros que no estamos unidos a la Divinidad y, por naturaleza, nos hallamos totalmente corrompidos e inclinados a todo mal. En contraposición a lo que ocurrió con Cristo, nosotros —aun después de haber sido regenerados— agraviamos al Espíritu Santo y, con ello, disminuimos su presencia dentro de nosotros. ¿No debemos, entonces, orar más aún pidiendo la plenitud del Espíritu? Si Jesús necesitó que el Espíritu Santo morara en él cuando era niño, para darle santidad y sabiduría personal, a fin de crecer en gracia para con Dios y con los hombres, mucho más nosotros, que somos pecadores por naturaleza, necesitamos al Espíritu para poder crecer en hermosura espiritual y en el favor de Dios. Si Cristo, que era Dios y no tenía pecado, necesitó como hombre el bautismo del Espíritu Santo para predicar, mucho más nosotros, predicadores del Evangelio que somos pecadores, precisamos del Espíritu en nuestras vidas a fin de que nuestra predicación sea en el poder del Espíritu. Si Cristo necesitó al Espíritu en sus tentaciones para superarlas y triunfar, ¿cómo podemos nosotros esperar vencer al pecado si nunca pedimos que el Espíritu Santo abunde más en nuestra vida? Si Jesús necesitó al Espíritu Santo para poder ofrecerse a Dios y obedecerle voluntariamente y no a regañadientes, entonces, nosotros lo necesitamos mucho más para que nos dé la voluntad de hacer aquello que Dios quiera. Aunque debemos salvaguardar el sentido único de la persona de Cristo, hemos de recordar que Jesús es también nuestro ejemplo en esta vida, porque Él nos mostró el camino de santidad y triunfó sobre el pecado con una vida llena del Espíritu.

Y, finalmente, deseamos subrayar que la obra del Espíritu Santo no comenzó con la aplicación a nuestras vidas de la redención ganada por Cristo, sino que Él estuvo actuando en la ejecución misma de esa redención. Jesucristo, por sí mismo, no hubiera podido llevar a cabo la redención de nuestras almas. Como poseía una naturaleza humana, necesitó al Espíritu Santo en su concepción y nacimiento, mientras crecía, al ser bautizado para su ministerio oficial, en la tentación, al ofrecerse a sí mismo en la muerte, al resucitar y al ser glorificado. Desde su concepción hasta su glorificación, Jesucristo necesitó al Espíritu Santo a fin de efectuar la redención a nuestro favor. Debemos alabar al Espíritu Santo, no solo por aplicar esa obra a nuestras vidas en regeneración y santificación, sino también por llevar a cabo la redención misma en Cristo Jesús.

[1]La Iglesia católica enseña como verdad infalible que María fue concebida sin mancha; es decir, que se la preservó de toda contaminación de pecado original.

7

El Espíritu Santo y la regeneración

Hasta ahora, con excepción del capítulo acerca de la iluminación del Espíritu, hemos examinado sobre todo al Espíritu Santo en el campo *objetivo*; es decir, en lo que está fuera del hombre. Hemos estudiado la persona del Espíritu Santo y su obra en la Creación, en la gracia común, en la Revelación y en Jesús. En los capítulos siguientes examinaremos la obra *subjetiva* del Espíritu Santo; es decir, su influencia en la vida del hombre. Su primera acción subjetiva —la regeneración— es de suma importancia para toda persona; sin ella nadie puede ver el Reino de Dios (Jn. 3:3). Por tanto, a fin de alcanzar felicidad eterna, el hombre debe conocer en su propia vida la acción regeneradora del Espíritu Santo. Para entender con claridad esta gran obra del Espíritu, es necesario ver la necesidad, el medio y los resultados de su influencia regeneradora.

1. LA NECESIDAD

Que el hombre debe experimentar la acción regeneradora del Espíritu Santo para poder ver el Reino de Dios está bien claro. Por sí mismo, el hombre nunca puede ir a Dios. Se halla totalmente corrompido: su inteligencia, voluntad y emociones están del todo pervertidas. En cuanto a su inteligencia, el hombre no puede entender a Dios y su Reino, ni siquiera cuando se lo explican en la forma más diáfana; porque el pecado ha oscurecido su comprensión y ha hecho que en lo espiritual esté totalmente ciego (*cf.* capítulo 5). En cuanto a su voluntad, no puede obedecer a Dios, porque "todo aquel que hace pecado, esclavo es del pecado" (Jn. 8:34); y la mente humana "es enemistad contra Dios; porque no se sujeta a la ley de Dios, ni tampoco puede" (Ro. 8:7). Y en cuanto a sus emociones, el hombre no puede amar a Dios, "por cuanto la mente carnal es enemistad contra Dios" (Ro: 8.7).

Se deduce, pues, que el hombre no regenerado es totalmente incapaz de ir a Dios y de hacer el bien. "¿Mudará el etíope su piel, y el leopardo sus manchas" (Jer. 13.23). Claro que no: es imposible tanto física como naturalmente. Entonces tampoco el que suele obrar mal puede obrar bien. Y esto significa, por tanto, que el hombre natural necesita al Espíritu Santo en su vida para hacer el bien espiritual.

Además, cuando Jesús dice que el hombre debe nacer de nuevo (Jn. 3:3), presupone que, antes de que esto ocurra, dicho hombre en es una nulidad lo espiritual. Lo mismo supone Pablo, cuando llama al cristiano "*criatura* nueva en Cristo Jesús" (2 Co. 5:17). Hasta el momento de su nacimiento o creación espiritual el hombre no existe espiritualmente hablando. Y es una contradicción intrínseca que una nulidad pueda engendrar o crear; así, también, resulta contradictorio hablar del hombre natural engendrándose y creándose a sí mismo en lo espiritual para poder entrar en el Reino de Dios. Si ha de haber nacimiento o creación ese suceso debe producirlo una entidad externa a quien ha de nacer o ser creado. Tiene que haber un nacimiento de arriba, producido por Dios y, más específicamente, por el Espíritu Santo. También desde este punto de vista es necesaria la acción regeneradora del Espíritu.

En otros lugares, la Biblia describe al hombre sin el Espíritu Santo como un cadáver, completamente incapaz de hacer nada (Ef. 2:1); o como los huesos secos de un esqueleto humano esparcidos por un valle, sin vida en sí mismos (Ez. 37). En una situación así, el único que puede ser de ayuda es Dios, quien es capaz de hacer que una persona viva espiritualmente y, de hecho, así lo hace (Ef. 2:1). Es evidente que los huesos secos no pueden unirse solos entre sí, ni revestirse de carne, ni tampoco procurarse la vida: esto requiere al Espíritu del Señor. Y también es cierto que el cuerpo exánime del que se habla en Efesios 2:1 no puede contribuir en nada, porque está muerto. Así, pues, constituye una imposibilidad absoluta que el hombre natural, sin el Espíritu del Dios vivo, se acerque a Dios.

En lo espiritual está tan muerto como el soldado que, en el campo de batalla, ha yacido en medio de un sendero durante varios días. Hacer que ese soldado se levante por sí mismo y se salga de dicho sendero resulta imposible. Se le puede presentar la mejor argumentación del mundo en cuanto a por qué no debería yacer ahí, y no se moverá. Se le puede gritar al oído, y de nada le servirá. Podemos tratar de zarandearlo o darle patadas, y seguirá sin levantarse del camino. Porque el soldado está muerto. Si ha de moverse, será necesario que Dios entre a su vida y lo restaure, como hizo Jesús con Lázaro, quien ya había empezado a descomponerse (Jn. 11:39).

Exactamente lo mismo sucede en el terreno espiritual, donde, por naturaleza, el hombre está tan muerto que se halla espiritualmente putrefacto. Si esa persona está muerta, podemos acercarnos a ella de muchas maneras distintas, pero ni querrá ni podrá responder. Es posible emplear el enfoque bien de la cucharada de miel o bien del vinagre. Se la puede intentar seducir con dulces promesas de perdón de sus pecados, paz para su alma y felicidad eterna; o, también, amenazarla con la majestad de Dios, el monte Sinaí y los castigos del Infierno. Podemos sentarnos con ella durante horas para mostrarle la lógica del Evangelio; sin embargo, si el Espíritu Santo no le comunica vida espiritual, la persona no puede responder al Evangelio más de lo que el soldado muerto lo haría al razonamiento de un oficial, o un hombre ciego a las instrucciones impresas, o una persona sorda a la radio.

Tampoco sirve de nada emplear amenazas físicas. Roma nunca ganó una sola alma para Cristo con el uso del fuego, la espada, el lazo del verdugo o la cámara de tortura. Uno de los primeros conversos de David Livingstone fue un cacique africano, Sechele, quien —como Roma— pensaba que podía obligar a creer, por la fuerza, a los miembros de su tribu. Por ello le sugirió un día a Livingstone: "Llamaré a mi lugarteniente y, con los látigos de cola de rinoceronte, muy pronto conseguiremos que todos crean". No había caído en la cuenta de que el hombre natural está muerto, y que los látigos de cola de rinoceronte no pueden obligar a un hombre a creer, sino únicamente el Espíritu Santo. Porque los látigos no tocan el alma, sino solo la piel del hombre. Como dijo Jesús en cierta ocasión: "No temáis a los que matan el cuerpo, mas el alma no pueden matar" (Mt. 10:28). Solo el Espíritu Santo es capaz de tocar el alma del hombre y darle vida espiritual.

Todas estas razones, pues, muestran la gran necesidad que tiene el hombre de la acción regeneradora del Espíritu Santo en su vida. Se trata de la única fuerza capaz de producir una creación nueva, y de hacer que quien está muerto espiritualmente viva para poder entrar en el Reino de Dios.

2. LA MANERA

Ahora veamos *cómo* da vida el Espíritu Santo: *cómo* regenera. Lo primero que debemos subrayar es que la Biblia nos dice muy poco acerca de la manera como regenera el Espíritu. Esto es algo que Dios ha escogido no revelar. Como dice Pablo: "Vuestra vida está escondida con Cristo en Dios" (Col. 3:3). La forma en que Cristo está unido místicamente con el creyente es un secreto: esa unión no se puede ni delinear ni analizar. Se sabe que existe, pero no es posible explicar cómo sucede. Es como la energía atómica, de cuya fuerza devastadora no existen dudas: un atolón en el Pacífico puede desintegrarse con una sola explosión, pero explicar el origen último de la fuerza existente en los átomos supera la capacidad del hombre, quien solo puede observar sus resultados.

O bien, para emplear la ilustración que utilizó Jesús al hablar con Nicodemo: oímos el viento, se sabe que sopla, pueden verse las hojas moverse y los árboles doblegarse, se siente en la cara, pero nadie sabe de dónde viene ni adónde va. Es invisible; sin embargo sus resultados quedan manifiestos. Lo mismo sucede con el Espíritu Santo. Los resultados de su acción regeneradora son obvios, sorprendentes y evidentes; pero definir su operación en el alma del hombre supera la capacidad de este. Una explicación consiste, desde luego, en que tanto el alma del hombre como el Espíritu Santo son espirituales y no materiales; por consiguiente, la mente humana no los puede discernir. Sin embargo, es posible decir ciertas cosas que arrojan alguna luz sobre esta acción regeneradora del Espíritu Santo.

A. En primer lugar, la regeneración ocurre en un instante: no es un proceso lento y gradual, como el crecimiento de una planta al cabo de un período de meses o años. El hombre ha sido o no ha sido regenerado. Como indican las metáforas bíblicas utilizadas para describir esa regeneración, al cristiano se le regenera en un abrir y cerrar de ojos. La creación, por ejemplo, ocurre en un momento —un objeto existe o no existe—, no hay una fase intermedia gradual. Un hombre muerto es resucitado en un abrir y cerrar de ojos: está muerto o está vivo, no hay etapa intermedia. Y la concepción de un niño es cosa de un momento. O hay vida o no la hay. Y la regeneración es igualmente instantánea.

B. En segundo lugar, el Espíritu Santo viene a hacer algo en el alma del hombre. No presenta simplemente las verdades del cristianismo a la mente y luego deja que el hombre las acepte o rechace. No se acerca al hombre simplemente en una forma externa, tratando de persuadirlo con toda clase de lógica y razonamientos; sino que penetra sus entrañas más íntimas: en su misma alma, su espíritu o su corazón (todos estos términos describen la misma cosa). La regeneración no consiste simplemente en un cambio de acciones, en una forma de vida, una renovación de los pensamientos, las palabras y acciones del hombre. En la regeneración, el Espíritu Santo toca el espíritu del hombre; el cual es, en sí mismo, la raíz de todas estas acciones. El Espíritu va a las entretelas, al corazón del hombre, a la entraña íntima que es la fuente central y constante de todas las actividades del hombre.

Que el hombre posee un centro de conciencia —un ego, corazón o alma— del cual procede todo su pensamiento y actividad está bien claro en la Biblia, "porque —como dice Proverbios 4:23— de él [del corazón] mana la vida". Y Cristo afirmó: "Porque de dentro del corazón de los hombres, salen los malos pensamientos, los adulterios, las fornicaciones, los homicidios, los hurtos, las avaricias, las maldades, el engaño, la lascivia, la envidia, la maledicencia, la soberbia, la insensatez. Todas estas maldades de dentro salen" (Mr. 7:21-23). Así, pues, el corazón es el centro del ser del hombre y la fuente de todos sus pensamientos, deseos, emociones y acciones externas de cualquier clase que sean.

Por ello, si hay que cambiar las acciones y la vida del hombre, se debe cambiar la fuente. Si queremos garantizar que salga agua pura de un manantial que está contaminado, no se puede lograr esto cambiando el agua después que ha salido del mismo; es necesario ir al manantial en cuestión y reformarlo. Si alguien desea una fruta hermosa, debe ir al árbol que por naturaleza la produce, porque la naturaleza del árbol determina la clase de fruta que este da, sea buena o mala (Lc. 6:43-45). Si el fruto que se quiere cosechar es uva, la persona no debe ir a una zarza, sino a la planta que tiene naturaleza de vid. Ahí y solo ahí encontrará uvas. El hombre también actúa según su naturaleza, la cual, sin el Espíritu Santo, está corrompida y solo produce malas acciones. Para que el ser humano obre bien no es suficiente que alguien trate de afectarlo superficialmente, en una forma externa, en la periferia, presentando simplemente la Verdad a su mente. El Espíritu debe cambiar la naturaleza del hombre, su corazón, su entraña íntima, su ser más profundo... Si el corazón es bueno, entonces todo lo que sale del mismo será bueno (*cf.* Pr. 4:23). Entonces el hombre puede amar y alabar a Dios, y tiene voluntad para querer agradarle.

Por eso las Escrituras nos dicen que Dios abrió el corazón de Lidia cuando escuchaba la predicación de Pablo (Hch. 16). Antes de ser regenerada había escuchado las palabras del Apóstol, pero no podía entender; fue necesario que el Espíritu regenerara su corazón a fin de que pudiera tener fe.

Ezequiel también nos dice que para que los israelitas pudieran caminar según los mandatos de Dios, había que cambiarles el corazón. Dios promete que les quitará sus corazones viejos y endurecidos —que no le aman ni le obedecen—, y que les dará corazones nuevos de carne "para que anden en mis ordenanzas —dice—, y guarden mis decretos y los cumplan" (Ez. 11:20). La naturaleza del corazón gobierna la índole de las acciones externas. Para que los israelitas pudieran caminar en las ordenanzas de Dios, Él tuvo que darles corazones nuevos.

Es evidente, por tanto, que en la regeneración el Espíritu Santo va a la raíz de todo y, de manera misteriosa, transforma el corazón o el alma del hombre.

C. En tercer lugar, la acción del Espíritu Santo no significa que Él añada alguna cosa nueva al corazón del hombre, o que le dé más espíritu o facultades adicionales para pensar o creer: simplemente cambia su disposición de amor al pecado por el amor a Dios. Cuando Lázaro fue resucitado de los muertos, no se le proporcionaron ojos nuevos, oídos nuevos o manos nuevas. Ya los tenía. Pero necesitaba la vida para poder utilizarlos: por eso Jesús lo revitalizó.

De manera semejante, Dios no proporciona un intelecto nuevo, una voluntad nueva o nuevas emociones a la naturaleza espiritual del hombre que está muerto en el pecado y la transgresión: todos los hombres, a pesar de su depravación, siguen poseyendo esas facultades. El hombre no se ha convertido en un animal sin alma; pero lo que anda mal es que dichas facultades se emplean para fines equivocados: para Satanás en vez de para Dios. Lo que hace el Espíritu Santo, por tanto, no es dar al hombre un intelecto, una voluntad o emociones, sino hacer que su intelecto, voluntad y emociones se empleen *para* Dios en lugar de *contra* Él: cambia su forma de utilizar estas cosas.

D. Adviértase también, en cuarto lugar, que en la regeneración el Espíritu Santo es absolutamente soberano. Hace exactamente lo que desea. El hombre no puede frustrar al Espíritu, ni controlar la regeneración en forma alguna, porque la regeneración no está en sus manos. Como dijo Jesús, el Espíritu Santo es como el viento y "el viento sopla de donde quiere" (Jn. 3:8). Nadie manda al viento. Nadie puede ordenar a un huracán que sople hacia el mar en vez de hacerlo hacia la Florida, o que reduzca su velocidad un poco. Como señaló Jesús, él sopla de donde quiere. Del mismo modo, el Espíritu Santo regenera allí donde quiere.

Esta soberanía absoluta del Espíritu en la regeneración se ve también en otra ilustración de Jesús: la del nacimiento. En el nacimiento, el bebé está completamente inerte. No se hace a sí mismo. Es hecho y nace. Por su parte solo hay completa pasividad. Obviamente el bebé no habría podido decir a sus padres antes de nacer: "Quiero nacer ahora". Y lo mismo sucede en el caso del nacimiento espiritual: lo que aún no ha nacido no puede decir "quiero nacer"; lo que está muerto espiritualmente no es capaz de decir "quiero vivir"; y lo que todavía no ha sido creado nunca puede expresar "quiero ser creado". Estas son imposibilidades evidentes. Antes bien, como en el caso del bebé, de la creación o del hombre muerto, el nacimiento espiritual, la creación y la vida proceden totalmente de la decisión del Espíritu Santo. Él es quien decide, no el hombre; el hombre se halla completamente pasivo. El Espíritu Santo es soberano absoluto, y regenera exactamente a quien Él quiere. En consecuencia, Juan pudo decir que los hijos de Dios "no son engendrados de sangre, ni de voluntad de carne, ni de voluntad de varón, sino de Dios" (Jn. 1:13).

Esto, a propósito, muestra el gran error que tanto prevalece en algunos círculos protestantes ortodoxos actualmente: a saber, que la regeneración depende de la fe, y no de Dios; y que para nacer de nuevo el hombre debe primero aceptar a Jesús como Salvador suyo. Un amigo nuestro lo afirma sin equívocos cuando dice: "Debemos repudiar el punto de vista de que Dios regenera al hombre antes de que este se convenza de pecado, se arrepienta, se convierta y crea. Este punto de vista hace que Dios determine arbitrariamente la salvación o reprobación de la persona, según su propio placer y voluntad [...] por consiguiente, antes que decir que la convicción, el arrepentimiento, la conversión y la fe vienen después de la regeneración, sostengamos el orden usual de la Escritura, que coloca la regeneración como lógicamente dependiente de estas cosas".

Este predicador ve correctamente que si la regeneración precede[1] a la fe, entonces la salvación está enteramente en manos de Dios y se da según su decisión y voluntad soberanas. Esto es precisamente lo que dice Pablo en Efesios 1:3-5, en donde escribe que Dios "nos escogió en él antes de la fundación del mundo, para que fuésemos santos y sin mancha [...] habiéndonos predestinado para ser adoptados hijos suyos [...] según el puro afecto de su voluntad". Si la regeneración no precede a la fe, sino que la sigue y depende de ella, entonces la salvación es de aquel que corre y de aquel que quiere, pero no de Dios: en contradicción directa a Romanos 9:7, que dice exactamente lo contrario. En tal caso, Lucas estaría equivocado al escribir que Dios abrió primero el corazón de Lidia, quien después creyó. Entonces también Jesús estaría errado al afirmar que el Espíritu Santo es como el viento, que sopla de donde quiere, y cuando comparó la obra del Espíritu al nacimiento, en el cual el bebé se halla enteramente pasivo. En ese caso el hombre no está *muerto* en sus pecados y transgresiones; porque si puede creer, ya posee vida espiritual. Y, por último, Pablo también estaría equivocado cuando dice que "nadie puede llamar a Jesús Señor, sino por el Espíritu Santo" (1 Co. 12:3).

Según la Escritura, la fe no precede y causa la regeneración; más bien, la regeneración precede y causa la fe. La regeneración es necesaria para que el hombre pueda hacer siquiera una cosa que sea espiritualmente buena. En la regeneración el hombre está pasivo al cien por cien, y el Espíritu Santo cien por cien activo.

Así, pues, si bien es cierto que es muy poco lo que se puede decir acerca de la manera como el Espíritu Santo regenera, si sabemos esto: que la regeneración ocurre en forma instantánea, en un abrir y cerrar de ojos. Más aún: el Espíritu Santo ejecuta alguna cosa en el alma misma del hombre —en su corazón— la cual, a su vez, afecta *todas* las acciones de este, ya sean en intención o en hecho. El Espíritu, sin embargo, no le da al hombre una nueva naturaleza o nuevas facultades, sino que revitaliza el alma que ya tiene. También actúa en forma soberana e irresistible, mientras que el hombre está totalmente pasivo. Pero aunque sabemos todo esto, el proceso total sigue siendo muy misterioso: no podemos ver ni el viento ni al Espíritu Santo.

3. LOS RESULTADOS

Si bien no podemos ver el viento, sí podemos observar sus consecuencias. Nos es posible ver la fuerza desencadenada del huracán arrancando, de cuajo, árboles y casas. Del mismo modo, en la regeneración, no sabemos cómo actúa el Espíritu Santo, pero sí podemos ver los resultados de su actuación, como lo indica el ejemplo que pone Jesús.

Porque el resultado de la misma es que los pecados van a ser borrados y, en su lugar, aparecerán virtudes nuevas. Antes había sido imposible superar el pecado y el odio hacia Dios, y ahora todo es diferente porque el Espíritu Santo ha injertado nuevas inclinaciones y deseos en nosotros.

El manantial amargo se ha transformado en dulce, de manera que el agua que brota ahora del mismo es agradable. El zarzal se ha cambiado en viñedo, de modo que crecen en él uvas en vez de espinas (Lc. 6:43-45). El corazón de piedra ha sido mudado en corazón de carne, y tiene vida. Ha nacido un hombre, ha resucitado un muerto, se ha creado algo nuevo... El hombre viejo, en principio, desaparece y en su lugar aparece el nuevo hombre. Jesús lo resume diciendo que el que es nacido de nuevo ve el Reino de Dios, ha entrado en él, ha sido sacado del reino de tinieblas para entrar en el Reino de la luz.

La acción del Espíritu Santo en la regeneración es de gran consuelo para todos aquellos que se preocupan por los perdidos. Porque sin el Espíritu Santo nadie puede ser salvado. David Livingstone, en uno de sus momentos más tenebrosos, escribió a su casa: "E1 campo que tratamos de cultivar por aquí es difícil, muy difícil [...], si no fuera por la creencia de que el Espíritu Santo está actuando y actuará por nosotros, renunciaría por desesperación". El leopardo no puede cambiar sus manchas, ni el etíope su piel. Pero Dios envía a su Espíritu, y su pueblo es convertido en forma irresistible.

Una de las razones por que los cristianos son flojos en dar testimonio a otros acerca de Cristo es que a menudo no ven resultados. No es que estén necesariamente avergonzados del evangelio de Cristo, sino que con frecuencia se desalientan. La ausencia de resultados positivos les hace preguntarse si vale la pena. Para poder superar esto, tendremos que implorar mucho más la acción regeneradora del Espíritu Santo; porque sin Él nadie se salvará.

Jesús dijo antes de su muerte: "Os conviene que yo me vaya; porque si no me fuere, el Consolador no vendría a vosotros [...], cuando él venga, convencerá al mundo de pecado, de justicia, y de juicio" (Jn. 16:7,8). Alabemos a Dios por esa acción de convencimiento que lleva a cabo el Espíritu y que hace que el hombre se sienta profundamente incómodo. Su conciencia lo perturba, se vuelve inquieto... Todo parece estar contra de él. Sus pecados se le presentan con toda claridad. Su conciencia le molesta. Llora. Siente punzadas en el corazón, al igual que las sintieron aquellos 3000 sobre los que se derramó el Espíritu Santo en Pentecostés, y como ellos exclama: "Varones hermanos, ¿qué haremos?" (Hch. 2:37). Luego, gracias a este convencimiento, el hombre es llevado a Cristo como a quien ha expiado, en forma vicaria, el pecado. Se arrepiente, cree y es salvo. A través del dolor de la convicción halla el gozo; a través de la angustia del alma, descubre la paz.

Y la hermosura de todo esto es que el hombre no puede resistir la acción del Espíritu. Cuando el Espíritu Santo convence, no importa de quién se trate —lo grande que sea, cuán endurecido esté su corazón o el pasado que tenga—, el hombre se deshace en lágrimas delante del Espíritu y su corazón queda de tal manera transformado que debe aceptar a Cristo como Salvador. El pecador más empedernido, muerto en sus pecados, no puede resistir nunca —ni en lo más mínimo— su propio nacimiento espiritual por la acción del Espíritu Santo. Gracias a Dios, tiene que creer.

Si una cosa se necesita hoy día es al Espíritu Santo. Si queremos poseer la paz que sobrepasa todo entendimiento, si deseamos tener éxito en la comunicación del mensaje de Cristo, entonces el Espíritu Santo debe entrar en las vidas de los que están espiritualmente muertos. Por consiguiente, pidamos sobre todo la influencia regeneradora del Espíritu Santo.

[1]Cuando hablamos de que la regeneración precede a la fe, no estamos pensando primordialmente en una secuencia de tiempo sino en una secuencia causal. Algunas veces las dos ocurren al mismo tiempo; pero la Biblia enseña, inequívocamente, que la salvación es enteramente por gracia: un don de Dios. A la luz de esto, lo que se subraya aquí es que, aunque la regeneración y la fe ocurren en forma simultanea, esta última depende de la regeneración y no viceversa. La fe precisa de la regeneración y no al contrario.

8

El Espíritu Santo y la santificación

En el capítulo anterior vimos que, por la regeneración, el Espíritu Santo resucita a los hombres muertos: hombres que están tan muertos espiritualmente como el cuerpo del soldado que ha estado tirado en el campo de batalla durante una semana. El Espíritu Santo da a esos hombres muertos vida espiritual, de manera que puedan llevar a cabo acciones buenas, acciones que les resultaban imposibles cuando estaban muertos. Este es un gran milagro.

Hay una diferencia abismal entre esta vida espiritual y la muerte que la había precedido. Sin embargo, resulta más que evidente que esta vida a menudo es enfermiza. Porque es un hecho que el cristiano sigue pecando; a veces tanto que casi parece como si la nueva vida lo hubiera abandonado por completo y volviera a estar muerto. Pero sabemos que no está muerto: sus debilidades no serán para muerte, no son incurables. Al contrario, estas debilidades irán desapareciendo gradualmente. Entre tanto, sin embargo, no hay duda de que es realmente enfermizo.

Que la persona nacida de nuevo peca es obvio —lo atestiguan tanto su propia experiencia como la Escritura misma—. Todo cristiano está consciente, muy a su pesar, de las fallas pecaminosas en su vida. A veces, hasta puede sentirse decaído a causa del aparente triunfo del pecado en su vida, y quizá exclame con Pablo el converso: "¡Miserable de mí!' (Ro. 7:24). Humildemente percibe la necesidad que tiene de la oración que Cristo enseñó a los que ya son salvos: "Perdónanos nuestros pecados". Juan confirma esto cuando señala que si alguien, incluyendo a los regenerados, dice que no tiene pecado, se engaña a sí mismo, la Verdad no está en él y hace a Dios mentiroso (*cf.* 1 Jn. 1:8,10).

De hecho, la sorprendente verdad es que cuanto más santo y más santificado está un cristiano, tanto mayor es la conciencia que tiene de su propio pecado. Cuanto más cerca se halla una persona del Dios santo, tanto más aguda es su percepción del pecado. No solo sus pecados evidentes lo entristecen más; sino que también los pecados que antes no lo turbaban, porque parecían sin importancia, ahora los ve con claridad. Como Pablo había alcanzado ese grado elevado de santidad y por ello se había vuelto sensible al pecado, se quejaba: "¡Miserable de mí!". Era exactamente como cuando Isaías había tenido la visión de Jehová y los serafines habían clamado: "Santo, santo, santo, Jehová de los ejércitos". El Profeta dijo entonces: "¡Ay de mí! que soy muerto; porque siendo hombre inmundo de labios [...]" (Is. 6:5). Así, pues, no hay nadie completamente santo en esta vida, ni siquiera los santos más destacados de Dios. El hombre regenerado sigue pecando; aunque tiene vida, está enfermizo.

Esto plantea el siguiente problema: "¿Cómo puedo superar este pecado? ¿Cómo dominar la ira, el mal genio, el odio, la envidia, los deseos sexuales y otros males que moran dentro de mí?". Todos los cristianos verdaderos están preocupados por esta cuestión: buscan el triunfo sobre el pecado en sus vidas; ¿cómo pueden conseguirlo?

La respuesta que da la Biblia a este acuciante y agudo problema se encuentra en el título del presenta capítulo: "El Espíritu Santo y la santificación". El Espíritu eterno de Dios es la fuente de la santificación. A fin de aclarar esto completamente, sin embargo, es necesario, ante todo, analizar dos soluciones que a menudo se han dado a este problema del pecado: ninguna de ellas bíblica y, por consiguiente, ambas erróneas. Una dice: lucha contra el pecado lo más que puedas; y la otra, diametralmente opuesta, aconseja: no luches contra el pecado. Si descubrimos el error de estas dos soluciones, entenderemos en forma más precisa cuál es la única solución genuina: la respuesta bíblica.

La primera respuesta nos manda confiar en nuestra propia fortaleza: pone la santificación sobre nuestros hombros. Se nos dice que controlemos nuestros deseos pecaminosos por medio de la razón; se subrayan las ventajas de la virtud y las promesas del Evangelio; se muestra lo razonables que son nuestras obligaciones para con Dios; se mencionan las consecuencias del pecado tanto para el cuerpo como para el alma, aquí y en la eternidad. Si sabes lo que es bueno y santo —se añade—, sé Señor de tu propia vida. Domina todas las malas tendencias, ejercítate en la disciplina, en la voluntad, en los buenos propósitos y en el dominio propio que está en ti mismo. Sigue el ejemplo de un hombre como Benjamín Franklin, que menciona en su autobiografía cómo se mejoró a sí mismo efectuando una comprobación diaria de todos sus malos hábitos. Si conocemos lo que es justo, y utilizamos nuestra razón y voluntad, podemos vencer el pecado con nuestras propias fuerzas.

La segunda respuesta que se propone es diametralmente opuesta a la anterior, e igualmente errónea. Si el error de la primera solución consistía en afirmar que debemos luchar contra el pecado con nuestras propias fuerzas, el de la segunda es creer que no debemos luchar contra el mismo en absoluto, sino dejar que Cristo lo haga por nosotros. La diferencia entre ambas consignas consiste en "hacerlo todo" o "no hacer nada"[1].

Ciertos líderes cristianos afirman, por ejemplo, que "la liberación [del pecado] no se consigue con la lucha y el esfuerzo penoso, con propósitos serios y abnegación". Si el hombre hace cualquier cosa para vencer el pecado, el pecado lo vencerá a él. El hombre debe "simplemente dar oportunidad a Dios para que Él tome posesión completa de su personalidad [...]. El Espíritu Santo desea liberar la personalidad", pero no puede hacerlo hasta que el hombre se lo permita.

En los Estados Unidos de América, Hannah Whitall Smith, en su libro *El secreto del cristiano para una vida feliz,* puso de relieve que el cristiano debe entregarse por completo al Señor: poner su vida en manos del Hacedor —al igual que la arcilla está en manos del alfarero— y, por consiguiente, permanecer pasivo. "El alfarero debe desarrollar toda la labor —dice—. Cuando hemos puesto nuestra vida en manos del Señor, el papel que nos corresponde es simplemente 'permanecer quietos' [...]. Y debemos recordar esto: que si nosotros llevamos una carga sea cual sea, el Señor no la lleva".

En su movimiento "Vida victoriosa", Trumbull sugirió la siguiente consigna: "Abandónate a Dios". Y también dijo:

> Si no es fácil, no es bueno [...]. Cualquier triunfo que alcancemos por nuestro propio esfuerzo es una impostura. Si tienes que esforzarte por triunfar, no se trata de un triunfo verdadero [...]. No debemos intentar no pecar. [Tales esfuerzos] pueden, y de hecho así lo hacen, impedir el triunfo. [Cuando ese triunfo se alcance será un] triunfo por la libertad y no [un] triunfo por la lucha [...]: libertad sin esfuerzo [de todos] los impulsos pecaminosos [...]. Por consiguiente, basta de esforzarse. Deja que Él lo haga todo.

A menudo en estos movimientos lo que se subraya es la segunda bendición: se enseña que, al igual que el hombre recibe a Cristo en la justificación no por obras sino por la fe, así también lo recibe en una segunda oportunidad —en la santificación— por un acto de fe que es distinto y separado de aquel mediante el cual fue justificado. Ellos creen que, como en la justificación el cristiano recibe a Cristo de manera instantánea y completa, así también en la santificación lo hace repentinamente, en un abrir y cerrar de ojos, y no de manera gradual. La diferencia consiste en que la primera vez recibe a Cristo como Salvador personal y en la segunda ocasión como su Señor; y Él le da el triunfo completo sobre todo pecado conocido. A esto lo que llaman perfección instantánea, completa, por medio de la segunda bendición.

Estas dos soluciones para triunfar sobre el pecado no son bíblicas. El hombre nunca alcanzará la santidad solo con su más grande esfuerzo personal. Se necesita algo más que eso: la ayuda sobrenatural. Tampoco puede conseguir el hombre ese triunfo simplemente confiando en la ayuda sobrenatural, sin esforzarse con todo lo que hay en él. Pero el triunfo sobre el pecado sí que puede conseguirse con lo que, superficialmente, podría parecer una combinación de ambos elementos. El secreto de la santidad, según la Biblia, se encuentra en una actividad doble: la acción de Dios en nosotros conjugada con nuestra propia actuación. Este es el camino del triunfo para el cristiano.

Lo primero que se necesita para poder triunfar sobre el poder del pecado en nuestras vidas es la acción regeneradora del Espíritu Santo. Como el Espíritu esta actuando en nuestra vida, Jesucristo viene a morar en nuestro corazón y quedamos místicamente unidos a Él. No se trata de una unión mediante el recuerdo, ni mediante sentimiento alguno, ni mediante el amor —como podría existir entre dos amigos—, antes bien es una unión ontológica: Cristo viene a morar en nuestra vida y queda así unido a nosotros. La unión es tan real como la que existe entre los sarmientos y la vid (Jn. 15:5), aunque no idéntica a ella; o la que hay entre el Hijo y el Padre en la Trinidad (Jn. 17:21); o aquella otra entre la cabeza y el cuerpo (Ef. 4:16,17). De esta realidad puede decir Pablo: "Con Cristo estoy juntamente crucificado, y ya no vivo yo, mas vive Cristo en mí" (Gá. 2:20).

Cuando el Espíritu regenera en esta forma y se establece tal unión con Cristo, entonces, a esto le sigue el triunfo sobre el pecado: un triunfo que es instantáneo y no gradual. Claro está que no se da una erradicación completa del pecado de la vida del cristiano, el cual vive aún sobre la Tierra; pero el triunfo sí queda garantizado en un momento, de forma que Juan puede escribir: "Todo lo que es nacido de Dios vence al mundo" (1 Jn. 5:4). Y Pablo es capaz de afirmar enfáticamente: "El pecado no se enseñoreará de vosotros" (Ro. 6:14). El pecado queda derrotado. El pecador triunfa. Claro está que seguirá pecando (1 Jn. 1:8), pero será contra su propia voluntad; de manera que —como dice Pablo— "ya no soy yo quien hace aquello, sino el pecado que mora en mí" (Ro. 7:17). A veces quizá parezca que no hay más esperanza y que se es más víctima del pecado que vencedor del mismo. Sin embargo, el que ha nacido del Espíritu y se ha unido a Cristo no puede abandonarse al pecado, porque está muerto para este y el pecado no tiene poder sobre él. Dicho pecado puede dominarlo momentáneamente y de distintas maneras, pero en último término quedará completamente erradicado en todas sus formas posibles. Satanás ha recibido un golpe mortal y está condenado; pero, entre tanto, sigue luchando aun hallándose moribundo.

Este triunfo se puede comparar con la victoria aliada sobre los japoneses en 1945. La victoria se consiguió; los japoneses se rindieron; la lucha acabó. Pero aun después del tratado de paz y de que la gran masa del ejército japonés hubiera capitulado, algunos siguieron luchando mientras los americanos trataban de ocupar las islas. Así también, en la vida de todo aquel que está místicamente unido a Cristo Jesús, se ha conseguido el triunfo: Satanás y el pecado han sido derrotados. Esto ya ha sucedido; pero sigue habiendo guerra de guerrillas esporádicamente y, en ciertas ocasiones, esta alcanza dimensiones considerables. Pero el triunfo se ha obtenido, y es solo cuestión de tiempo que el último vestigio de oposición —de pecado— quede eliminado. En este sentido bíblico, es posible hablar de vida victoriosa (1 Jn. 5:4).

No resulta fácil describir la acción santificadora del Espíritu Santo. Es un misterio, al igual que la regeneración, aunque se pueden decir unas cuantas cosas acerca de la misma.

En primer lugar, la santificación es ante todo la obra del Espíritu. Si bien es verdad que, como mencionamos, la vida espiritual nace del estar místicamente unidos a Jesucristo; y si bien Jesús dijo en Juan 14:23 que no solo el Espíritu Santo mora en el creyente, sino que también lo hacen el Padre y el Hijo; y si bien sabemos que no se puede dividir la obra de la Trinidad; sin embargo, la Biblia sí indica que la santificación es, principalmente, la obra de la tercera persona de la Trinidad. Es esta quien regenera (Jn. 3), renueva (Tit. 3:5), santifica (2 Ts. 2:13; 1 P. 1:2), guía (Ro. 8:14), mora dentro del hombre (Jn. 14:17; Ro. 8:9; 1 Co. 3:16), y escribe en el corazón (2 Co. 3:3). Y Pablo dice claramente que "si alguno no tiene el Espíritu de Cristo, no es de él" (Ro. 8:9). Estos pasajes indican que el Espíritu es absolutamente esencial para esta vida victoriosa en Cristo. El que no lo posee no pertenece a Cristo: no participa de su vida. De ahí que, si Cristo ha de santificar al hombre morando en este, debe hacerlo por medio del Espíritu. Cristo y el Padre no moran, y en consecuencia no santifican al hombre en forma directa o inmediata, sino por medio del Espíritu Santo. En resumen, la santificación es principalmente la obra de la tercera persona de la Trinidad.

La segunda característica de este obra santificadora es que el Espíritu, al igual que en la regeneración, toca el corazón mismo o el alma misma del hombre. No se vale simplemente de la persuasión moral y racional, y deja luego que el hombre se santifique o no a sí mismo; sino que, constantemente, toca su naturaleza básica, su vida subconsciente, las entretelas más íntimas de su alma, allí donde el hombre no puede ni cooperar ni resistir. El resultado es que surgen las buenas obras, porque el fruto del árbol depende de su naturaleza y es del corazón de donde mana la vida (Pr. 4:23).

Gracias a Dios que, en la santificación, el Espíritu actúa en esa esfera subconsciente de nuestra alma donde no podemos resistir. De lo contrario, nunca nos santificaríamos, porque sin el Espíritu siempre opondríamos resistencia.

En tercer lugar, el Espíritu Santo hace que *todo* el hombre se vea afectado por la santificación. No santifica solamente la voluntad —por ejemplo—, de manera que el cristiano se decida a obrar el bien pero, por otra parte, no entienda el bien ni lo ame. Antes bien, santifica a *todo* el hombre: su voluntad, sus emociones y su comprensión. No da una santificación *completa* en el nuevo nacimiento, sino que la suya es una santificación que afecta a todo el hombre e introduce todo el ser de este en el camino de la santidad. Es parecido al nacimiento y crecimiento del niño creado perfecto. Ese niño tiene todas sus facultades mentales y corporales, aunque sea pequeño. Tendrá las uñas pequeñas, pero son de una hechura perfecta. Posee el número exacto de dedos, orejas, cejas y órganos internos, aunque estos no hayan alcanzado su desarrollo completo. De una manera semejante, el Espíritu Santo regenera y santifica a todo el ser humano: puede que al principio su operación sea muy simple, pero afecta a cada una de las partes del hombre. A este no se le desarrolla la comprensión espiritual con detrimento de su voluntad, ni la voluntad con detrimento de sus emociones, sino que va creciendo en cada una de sus partes. Es perfecto en cada una de ellas, pero imperfecto en cuanto al grado de desarrollo.

Esta totalidad de la obra del Espíritu se deduce de pasajes como Proverbios 4:23, el cual nos explica que es el corazón el que dirige todas las actividades del hombre, y Marcos 7:20-23, donde Jesús enumera las maldades que proceden del corazón. Si la parte más íntima del hombre —su corazón o alma— cambia, entonces todo lo que ella produzca se verá también alterado. Esto se observa asimismo en los distintos lugares de la Biblia que mencionan en forma específica la voluntad, el entendimiento y las emociones como objeto de santificación.

Una cuarta característica de la obra del Espíritu en la santificación es lo *gradual* del proceso. El hombre nunca alcanza la perfección instantánea y total en la Tierra. Solo si rebaja las normas de Dios a la altura de su condición propia como pecador, puede pensar erróneamente que es perfecto. Porque la Biblia da testimonio de que el hombre no queda de repente emancipado del poder del pecado, sino que esta liberación llega después de largas batallas. A veces el proceso es lento y otras veces rápido, pero siempre se extiende a lo largo de un cierto período de tiempo. Como hemos visto, Juan dice que "si decimos que no tenemos pecado nos engañamos a nosotros mismos, y la verdad no está en nosotros" (1 Jn. 1:8). Pablo habla constantemente acerca del pecado que hay aún en el cristiano, y de la lucha incesante con Satanás. Y Pedro no dice "apodérate en un brinco de la gracia y del conocimiento", sino: "*Creced* en la gracia y el conocimiento de nuestro Señor y Salvador Jesucristo" (2 P. 3:18). Esto indica concretamente que la santificación es un proceso gradual.

En quinto lugar, vemos, sin embargo, que ese proceso gradual quedará completado en un abrir y cerrar de ojos en el momento de la muerte. En el Cielo, en la presencia del Dios Santo, no habrá pecado; este habrá sido completamente eliminado (Ap. 21:27). Por consiguiente, cuando el cristiano va al Cielo, inmediatamente después de la muerte —como lo indica la Biblia—, el proceso de santificación se perfecciona de repente y, en un instante, el hombre se vuelve completamente perfecto.

Esta continua operación del Espíritu Santo por la cual estamos unidos a Cristo es, pues, la condición indispensable para el triunfo sobre el pecado, aunque ese triunfo no sea fácil. La presencia del Espíritu y de Cristo es esencial y básica. No existe otra forma de vencer. Sin ellos no se puede conseguir la victoria, ni siquiera parcial. Las resoluciones firmes, los propósitos, los esfuerzos penosos, sin el Espíritu y sin Cristo de nada sirven. Si alguien tratara de conseguir el triunfo de esta manera sería como si una persona intentase producir manzanas hermosas, rojas, jugosas, pegando semillas o manzanas pequeñas a un árbol y, luego, esperando a que crecieran. Esta acción externa no produciría fruto alguno. Por el contrario, dicha persona debe elegir un árbol que esté sano y que posea la naturaleza del manzano. Una vez hecho esto, y cultivado adecuadamente, ese árbol de manera natural y fácil producirá manzanas buenas. Como Cristo dijo: "Yo soy la vid, vosotros los pámpanos; el que permanece en mí, y yo en él, este lleva mucho fruto; porque separados de mí nada podéis hacer" (Jn. 15:5). Así como las ramas están unidas al tronco, y reciben de él la savia y la vitalidad que les hacen producir fruto, así también el cristiano mora en Cristo, y de Él y del Espíritu Santo recibe el poder, la vida y la fortaleza interiores para hacer buenas obras. Y así como es absolutamente imposible que una vid muerta produzca uvas, también es imposible llegar a la santidad si Cristo y el Espíritu Santo no están dentro de nosotros, dándonos vida. Recibimos de Cristo el poder para triunfar sobre el pecado: poder que no tenemos en nosotros mismos.

Tratar de vencer el pecado por medios externos, tales como el ascetismo, la persuasión moral, la disciplina personal, esto es, con nuestras propias fuerzas y sin el Espíritu, es como intentar convertir la planta recién nacida en un roble robusto estirando la corteza, las ramas y el tronco. No se le puede forzar desde afuera.

Es posible ejemplificar la forma bíblica con ese mismo roble en primavera. En algunas de sus ramas hay aún hojas muertas, secas, crispadas, oscuras. Cuando la vida empieza a brotar desde dentro, esas hojas viejas caen por sí solas y aparecen hojas nuevas, verdes —al comienzo, pequeñas, pero ya con la forma perfecta—, las cuales se irán desarrollando hasta alcanzar la madurez completa. De igual manera, cuando el Espíritu y Cristo moran en nosotros, nos comunican tal poder y vida que los pecados viejos van cayendo uno por uno y, en su lugar, nacen virtudes nuevas —claro que pequeñas— pero que van creciendo en forma gradual y segura.

Así, pues, la santificación no se consigue con medios externos: como un gran derroche de buenos propósitos y de voluntad, aparte de la fuente íntima de poder. Antes bien, por medio del Espíritu Santo y de Jesucristo, que reinan dentro de nosotros, hallaremos un poder —el mismo poder divino— que no tiene el no cristiano. "De su interior —dijo Jesús—, correrán ríos de agua viva" (Jn. 7:38). Ahí está el secreto del poder y del triunfo, el camino del éxito.

Ahora bien, debemos estar sobre aviso contra un posible error: quizá alguien dirá que ya que el triunfo solo se consigue por medio del Espíritu Santo, "tendríamos que dejárselo todo a Él". No deberíamos esforzarnos en absoluto por derrotar al pecado, como dicen algunos, sino permitir que Cristo se apodere de nuestra personalidad, limitándonos nosotros a "quedarnos quietos". "No debemos tratar de no pecar", porque esto —según ellos— nos conduciría a la derrota. Hemos de alcanzar un triunfo sin esfuerzo, permaneciendo absolutamente pasivos.

Esta enseñanza no es bíblica y, además, resulta peligrosa. Cierto que sin Cristo y el Espíritu el triunfo no es posible: ellos deben morar dentro de nosotros. Pero, al mismo tiempo, toda la Escritura reclama y exige acción de nuestra parte: la obra del Espíritu Santo no hace innecesaria nuestra actividad.

En la regeneración el cristiano es totalmente pasivo, nada puede hacer al respecto. Él simplemente nace: no coopera en su propio nacimiento. Al igual que el bebé, el cristiano no contribuye en nada. Pero en la santificación hay un aspecto adicional: el hombre es pasivo y activo a la vez. Claro está que el Espíritu Santo es quien actúa en forma soberana en su vida, en el área subconsciente de la misma, en su corazón, de manera que el hombre permanece absolutamente pasivo en esta operación. El hombre no controla al Espíritu, ni a Cristo, sino que la vida de estos fluye hacia él prescindiendo de su actividad: está completamente pasivo en este aspecto de la santificación.

Pero al mismo tiempo, ese hombre está muy activo, no en la recepción de la vida espiritual, sino en la puesta en práctica de esa vida que el Espíritu Santo le da. No se le trata como a un reloj, al que damos cuerda y luego dejamos sobre la mesa para que siga caminando por sí mismo. Porque el hombre posee voluntad, emociones e intelecto, elementos que el reloj no posee. Cuando el Espíritu Santo santifica al hombre, respeta estas facultades, las utiliza y hace que entren en acción. En consecuencia, la santificación es una obra pasiva y activa a la vez. Es tanto gracia como deber: gracia porque el Espíritu se comunica soberanamente a aquellos que lo reciben en forma pasiva; y deber en cuanto que, una vez recibido el Espíritu, se llama a la acción a quienes lo han recibido.

Es cierto que no actuamos en nuestro propio poder, sino solo en tanto en cuanto el Espíritu nos proporciona gratuitamente el poder y la capacidad para hacerlo. No es como si el Espíritu actuara parcialmente en nosotros, poniéndonos en movimiento para que hiciéramos el resto; antes bien, Dios obra al cien por cien en todo lo que hacemos y nosotros también. Ya que el Espíritu actúa en nosotros, nosotros podemos actuar: el más mínimo acto ético que efectuamos —ya sea resistir a una tentación, hacer algo bueno o creer en Jesucristo— lo hacemos solo porque el Espíritu Santo nos capacita para ello. Sin embargo, por muy cierto que esto sea, nuestra obligación solemne es esforzarnos lo mas que podamos. No podemos "quedamos quietos", "dejar que Él lo haga todo", y buscar un "triunfo sin esfuerzo". Lo que la Biblia enseña es que si no cuesta, no es bueno.

Si bien el triunfo se logra solo por medio del Espíritu y de Cristo, sin embargo, la Escritura nos estimula constantemente a que nos unamos a la lucha contra el pecado y el Diablo. Se nos dice: "Pelea la buena batalla de la fe" (1 Ti. 6:12); "Vestíos de toda la armadura de Dios, para que podáis estar firmes contra las asechanzas del diablo. Porque no tenemos lucha contra sangre y carne [...]" (Ef. 6:11,12); "Así que, hermanos, os ruego por las misericordias de Dios, que presentéis vuestros cuerpos en sacrificio vivo, santo, agradable a Dios [...]. No os conforméis a este siglo, sino transformaos [...]" (Ro. 12:1,2); "Limpiémonos" (2 Co. 7:1); "Por tanto, nosotros también [...] despojémonos de todo peso [...] y corramos con paciencia la carrera que tenemos por delante" (He. 12:1); "Corred de tal manera que lo obtengáis" (1 Co. 9:24). Se podría seguir la enumeración repetitiva, citando texto tras texto con exhortaciones al cristiano para que se esfuerce en ser perfecto como lo es su Padre celestial. Todos estos pasajes bíblicos señalan el hecho de que el *cristiano* debe actuar, debe hacer algo. En otras palabras: hay un aspecto muy activo en la santificación.

Quizá no haya otro pasaje que muestre la relación entre el aspecto activo y el pasivo en una forma más clara que Filipenses 2:12,13. Ahí Pablo no dice: "Estate quieto; sé pasivo como lo es la arcilla en manos del alfarero; no hagas nada, no trates, deja que el Espíritu lo haga todo. Por el contrario, expresa en forma enfática y diáfana: "Ocupaos". "Ocupaos en vuestra salvación con temor y temblor". Esto se refiere al aspecto activo de la santificación, al deber y la responsabilidad del hombre. Pablo exhorta a los filipenses a que hagan todos los esfuerzos posibles por santificarse. Los filipenses no pueden responder: "Dejémoselo a Dios; Él lo hará todo; nosotros no tenemos nada que hacer". Antes bien, Pablo les manda que hagan todo el esfuerzo posible.

Pero a continuación viene inmediatamente el aspecto pasivo, cuando Pablo agrega: "Porque Dios es el que en vosotros produce así el querer como el hacer, por su buena voluntad". ¡Sí, ocúpate! Haz todo el esfuerzo que puedas; esfuérzate con todo tu empeño. La responsabilidad es tuya. ¡Pero recuerda que es Dios quien está actuando dentro de ti, tanto en el querer como en el hacer, por su buena voluntad!

Esta es la combinación bíblica y este el secreto del éxito. Si se prescinde de un aspecto o del otro, el resultado es el fracaso. Si actuamos sin el Espíritu, nos invadirá la frustración. Por otra parte, si se lo dejamos todo al Espíritu y no actuamos, también fracasaremos. Pero combinemos el Espíritu con la acción y, entonces, el triunfo será nuestro. El secreto de una vida santa se encuentra en esta combinación: con ella el cristiano puede triunfar.

Sin pretender ser exhaustivos, nos gustaría sugerir tres pasos concretos y prácticos que el cristiano puede dar (solamente con la gracia del Espíritu, desde luego) y que lo ayudarán a acelerar el triunfo final.

Lo primero es orar pidiendo una presencia más plena del Espíritu Santo y de Cristo en su vida. Si bien es verdad que el Espíritu nos hace orar en fe para pedir su presencia y la de Cristo, constituye un axioma bíblico que cuanto más busquemos por fe su presencia en nosotros, tanto más vendrán ambos a nuestras vidas. Porque la fe es el medio de apropiarse del Espíritu y de Cristo, lo mismo que la mano es el medio por el cual nos apropiamos del pan físico para nuestros cuerpos. Jesús dijo: "El que cree en mí, como dice la Escritura, de su interior correrán ríos de agua viva. Esto dijo del Espíritu que habían de recibir los que creyesen en él" (Jn. 7:38, 39). Pablo pedía para los efesios, que "habite Cristo por la fe en vuestros corazones" (Ef. 3:17). A los gálatas les dijo que Cristo moraba dentro de él, y que vivía en Cristo por la fe (Gá. 2:20). Así, pues, la fe es la llave para que Cristo y el Espíritu Santo moren más plenamente en nosotros y, en consecuencia, recibamos poder sobre el pecado. Debemos orar en fe para que el Espíritu more cada vez más en nuestra vida, y lo conseguiremos.

Hemos de recordar que la oración no es simplemente una expresión piadosa de devoción y agradecimiento a Dios, sino también un medio para alcanzar poder. Se requiere siempre, sin embargo, orar correctamente. Es necesario, por ejemplo, perseverar: acudir a Dios una y otra vez con la misma petición. También es esencial ir a Él creyendo y esperando que responderá a nuestra oración, y no simplemente deseando una respuesta y pensando al mismo tiempo que quizá no nos la conceda. Eso no es fe: la fe se compone de confianza tanto como de conocimiento. No solo debemos saber que Dios puede darnos una presencia más plena del Espíritu y de Cristo, sino que hemos de confiar también en que lo hará. Cuando acudimos a Él con esta expectación y confianza, hallaremos que Dios, quien gusta de otorgar sus dones buenos y santos, nos dará esa presencia más plena. Esto significará, a su vez, que triunfaremos cada vez más sobre el pecado. Lo que debemos hacer, pues, en primer lugar, para triunfar sobre el pecado, es pedir en fe una presencia más plena de Cristo y del Espíritu Santo.

Un segundo medio muy importante que debemos practicar, si es que deseamos triunfar, es la meditación privada en la Palabra de Dios. Excepto cuando se trata de párvulos, el Espíritu Santo no actúa aparte de la Palabra. Él obra *por medio* de esa Palabra. ¿Cómo podemos esperar ser santos y hacer la voluntad de Dios si descuidamos los medios de gracia que Él nos ha proporcionado y leemos pocas veces el único Libro que nos muestra lo que es la santidad? En la Biblia vemos nuestro ejemplo de santidad: Jesucristo; y encontramos instrucciones escritas —ya sean explícitas o implícitas— para nuestra vida. Si hemos de conformarnos a la imagen del Hijo, entonces debemos conocer íntimamente lo que la Biblia nos dice de Él. Si hemos de guardar todos los preceptos de Dios tal como se expresan en cada una de las páginas de la Biblia, entonces tenemos que leerlos. No podemos esperar perezosamente que el Espíritu nos revele, en forma milagrosa, aquello que Él ya ha revelado. No, debemos saturarnos de esa Palabra, porque el Espíritu actúa por medio de ella. Al alimentarnos de la Palabra de Dios, el Espíritu actuará dentro de nosotros, haciéndonos crecer en santidad. Jesús enseñó claramente que somos santificados por la Verdad (Jn. 17:17,19). Pedro lo confirmó cuando dijo: "Desead [...] la leche espiritual no adulterada, para que por ella crezcáis para salvación (1 P. 2:2). La segunda acción concreta que nos permitirá triunfar sobre el pecado que queda en nosotros es, pues, la meditación personal y esmerada en la Palabra.

Finalmente, el cristiano que busca una vida más santa será fiel en el culto público. A través de la predicación fiel y autorizada de la Palabra, el Espíritu Santo le hablará, le convencerá de pecado y le guiará a la santidad. En la administración de los sacramentos, verá también reforzada su fe.

Supongamos, por ejemplo, que el pastor predica acerca de la santificación, y que algunos de sus feligreses que están debatiéndose con ciertos pecados, no han venido a la iglesia sino que se han quedado en casa. Se han perdido, entonces, esta proclamación oficial de la Palabra de Dios acerca de su problema personal y, en consecuencia, no crecerán tanto como hubieran podido hacerlo. El Espíritu Santo actúa por medio de la exposición oficial de la Palabra. Por ello, el cristiano que desea ser santo se mostrará diligente en asistir a los cultos de adoración en la iglesia local.

Por estos senderos nos dirige la Biblia hacia el triunfo sobre el pecado; sobre cualquier pecado que pueda haber en nuestra vida: ya sea la ira, la impaciencia, el odio, la envidia, el deseo sexual, las borracheras, la falta de amor a Dios o cualquier otro pecado. La santificación es una acción doble. Ante todo, constituye al cien por cien la obra de Dios. Debemos experimentar, por medio de su gracia soberana, la presencia del Espíritu Santo. Sin Él no podemos hacer absolutamente nada: estamos condenados al fracaso. Con Él, en cambio, lo podemos todo: poseemos una fuente de poder divino capaz de triunfar sobre el pecado.

En segundo lugar, la santificación se consigue por medio de la acción constante y decidida del hombre. Este debe, por la gracia de Dios, esforzarse lo más posible por alcanzar la perfección.

Si se unen estos dos elementos —la acción de Dios y la acción del hombre— el resultado será el triunfo sobre el pecado. Claro que antes de la muerte no se erradicará el pecado por completo; pero habrá un progreso notorio y concreto hacia la santificación plena, y con la muerte se alcanzará la perfección. Este es el secreto de la vida victoriosa.

[1]Aunque este punto de vista, en opinión del autor, no es bíblico, se debe recordar que los que lo proponen no tienen nada en común con los modernistas que sostienen el error anterior. Por el contrario, aman la infalible Palabra de Dios y el cristianismo sobrenatural, y debería valorarse profundamente el celo que tienen por la santidad.

9

El Espíritu Santo y el hablar en lenguas

Hablar en lenguas es hablar espontáneamente en una lengua que no se ha aprendido previamente, o en sílabas que no se reconocen como lengua.

El hablar en lenguas se dio en tiempos del Nuevo Testamento y luego cayó en olvido por lo menos durante 1800 años, si no definitivamente. Algunos dicen que los montanistas del siglo II hablaban en lenguas, pero pocos encontrarían base bíblica en estas manifestaciones estáticas y delirantes de esa secta no cristiana[1]. Los padres de la Iglesia no practicaron el hablar en lenguas, ni tampoco se refirieron a ello en su tiempo. En el siglo IV, Crisóstomo en la Iglesia Oriental y Agustín en la Occidental hablaron de la glosolalia como algo del pasado. En la Edad Media hay algunos relatos poco frecuentes de hablar en una lengua extranjera. Ninguno de los reformadores —Lutero, Calvino, Zuinglio, Knox, Melanchton— hablaron en lenguas. Aparte de unos pocos ejemplos difusos de este fenómeno en la Edad Media y en la época posterior a la Reforma, el llamado hablar en lenguas no se revivió sino a comienzos del siglo pasado. Hubo, pues, un silencio de 1800 años en cuanto a las lenguas, y muchos dicen que el silencio aún sigue y que lo que actualmente se llama hablar en lenguas tiene poca relación con ese concepto bíblico.

Hoy día se suele asociar el hablar en lenguas con lo que se conoce como la segunda bendición o el bautismo en ("de" o "con") el Espíritu Santo. Muchos creen que una persona acepta a Cristo como su Salvador de la culpa del pecado y que, en algún momento posterior, el Espíritu Santo entra en ella de repente, llenándola del mismo. Como pecador acepta a Cristo; pero como santo acepta al Espíritu Santo. En el primer caso pone su fe en Jesús; en el segundo, en el Espíritu. Como prueba de esta plenitud —dicen—, Dios da el don de la glosolalia o hablar en lenguas. Este se puede utilizar para la edificación personal y también para el estímulo de la congregación. Tanto el bautismo en el Espíritu como la glosolalia consiguiente se obtienen con un anhelo intenso del bautismo del Espíritu, con la oración y con la supresión de todo pecado conocido.

Como el hablar en lenguas es una práctica muy difundida en la actualidad —superando las barreras denominacionales—, resulta importante que el cristiano estudie lo que el Nuevo Testamento dice acerca de ello. Puesto que no puede eludirlo, debería conocer lo que tiene de bíblico. ¿Se está perdiendo algo hermoso y edificante si no habla en lenguas? ¿Existe realmente en la actualidad el don espiritual de hablar en lenguas o se trata de una alucinación o de un movimiento diabólico? ¿Cesó el hablar en lenguas con el final de la época neotestamentaria? ¿Existe una segunda bendición instantánea que se obtiene con una plenitud repentina del Espíritu Santo? ¿Podemos ser mejores cristianos con el bautismo del Espíritu y la glosolalia? ¿Ayudarán estas cosas a la monótona vida cristiana que a menudo parece tan pecaminosa?

1. EL HABLAR EN LENGUAS EN LA ERA APOSTÓLICA

En la Biblia hay muchas pruebas de que el hablar en lenguas estuvo limitado a la era apostólica, ya que tuvo como propósito confirmar a judíos y gentiles la obra nueva e impresionante de Dios en Cristo Jesús. Pero algunos creen que esas pruebas no son concluyentes. Examinemos los datos…

A. Hechos 14:3. En su primer viaje misionero, Pablo y Bernabé se encontraron con gran oposición en Iconio; de hecho, tanto judíos como gentiles conspiraron contra ellos e hicieron planes para darles muerte por lapidación. Frente a tal hostilidad al mensaje de Cristo, el cual parecía tan nuevo tanto a judíos como a gentiles, Dios hizo señales y milagros a través de los apóstoles. Como dice Lucas: "Se detuvieron allí mucho tiempo [Pablo y Bernabé], hablando con denuedo, confiados en el Señor, el cual daba testimonio a la palabra de su gracia, concediendo que se hiciesen por las manos de ellos señales y prodigios" (Hch. 14:3). Aquí no se menciona ni el hablar en lenguas ni tampoco otras señales. Y quizá no se diera el hablar en lenguas en Iconio, pero a veces las lenguas se concedían como señal (1 Co. 14:22). Lucas dice claramente que el propósito de las señales fue confirmar el mensaje de Pablo y Bernabé.

B. Romanos 15:18-19. Pablo desarrolla un tema semejante en este pasaje, cuando escribe: "No osaría hablar sino de lo que Cristo ha hecho por medio de mí para la obediencia de los gentiles, con la palabra y con las obras, con potencia de señales y prodigios en el poder del Espíritu de Dios". Es interesante que Pablo mencione tres instrumentos de conversión: (1) el Espíritu Santo; (2) la predicación y las obras de Pablo; y (3) las señales y prodigios. De acuerdo con lo que dice Lucas en Hechos 14, Pablo afirma aquí que Cristo utiliza señales (la glosolalia se podría incluir entre dichas señales) para hacer que los gentiles obedezcan a Dios. El propósito de las señales era el de la conversión.

C. 2 Corintios 12:12. En 2 Corintios Pablo defiende constantemente su apostolado, y en 12:11 dice: "En nada he sido menos que aquellos grandes apóstoles, aunque nada soy". Luego, para probar que era apóstol, afirma en el versículo siguiente: "Las señales de apóstol han sido hechas entre vosotros en toda paciencia, por señales, prodigios y milagros". En otras palabras: aquellas señales se dieron como prueba de su apostolado.

D. Hebreos 2:3-4. "La cual [salvación], habiendo sido anunciada primeramente por el Señor, nos fue confirmada por los que oyeron, testificando Dios juntamente con ellos, con señales y prodigios y diversos milagros y repartimientos del Espíritu Santo según su voluntad". Aquí el autor habla claramente del carácter de confirmación que tenían las señales: dice que, primero, Cristo anunció la salvación; luego, los que le escucharon la confirmaron a otros; y, finalmente, Dios añadió su testimonio en forma de señales.

E. Juan 20:30-31. Aunque Jesús nunca habló en lenguas, la utilización que hizo de las señales armoniza con este propósito de confirmar el Evangelio. Juan escribe al respecto: "Hizo además Jesús muchas otras señales en presencia de sus discípulos, las cuales no están escritas en este libro. Pero éstas se han escrito para que creáis que Jesús es el Cristo, el Hijo de Dios, y para que creyendo, tengáis vida en su nombre". Así, pues, basándose en pasajes como estos, muchos afirman que el hablar en lenguas era una señal del período apostólico, concedida por Dios a fin de autenticar y confirmar el Evangelio —y a quienes lo predicaban— mientras se difundía más allá de los límites del judaísmo hacia el mundo gentil. La glosolalia fue su sello de aprobación del Evangelio y tuvo como fin ganarse conversos en este nuevo período difícil y radicalmente diferente. Una vez lograda esta confirmación, ya no hubo necesidad de la misión especial de apóstoles o profetas ni de las señales confirmatorias —tales como el hablar en lenguas— que acompañaban a su labor. En consecuencia, una vez establecida firmemente la iglesia del Nuevo Testamento, esos ministerios y señales cesaron. Este punto de vista es muy atrayente.

2. PERSPECTIVA BÍBLICA DE LA IMPORTANCIA DEL HABLAR EN LENGUAS

Algunos arguyen que Dios no está atado y que puede seguir obrando señales, aun el hablar en lenguas[2]. No debemos restringir la libertad del Espíritu Santo.

Es sin duda posible que Dios esté actuando hoy día por medio de señales milagrosas, hasta del hablar en lenguas. Puede ser que se den curaciones milagrosas genuinas, aunque muchos observadores creen que se ha exagerado bastante su número. Ha habido muchos casos de personas "sanadas" que han muerto de su enfermedad poco después, porque hubieran debido acudir a los médicos en vez de ir a curanderos de fe.

Así, pues, sin afirmar ni negar la permanencia de milagros y del hablar en lenguas en la época actual, y suponiendo por un momento que estas cosas sigan ocurriendo, el cristiano de orientación bíblica querrá situarlas en la perspectiva adecuada. Y la perspectiva bíblica es esta: la Biblia no insiste en ninguna parte en la importancia o conveniencia del hablar en lenguas, y al único pasaje de la Escritura que nos da directrices acerca de ello se le hace poco caso. En otras palabras: aunque el don de la glosolalia estuviera en operación hoy día, la Biblia no lo destaca como una gran experiencia que todos deberíamos desear o que fuera siquiera normal en la vida cristiana. Y el objetivo del cristiano tendría que ser darle solo la importancia que la Biblia le otorga, ni más ni menos. Examinemos, por tanto, las pruebas:

A. El Antiguo Testamento. No hay en el Antiguo Testamento —ni siquiera en los pasajes proféticos que aluden a Pentecostés— mención alguna del hablar en lenguas. En el Antiguo Testamento se habla de la profecía, de las curaciones, de milagros y de la obra del Espíritu Santo en la Creación, en la gracia común, en la Revelación, en la iluminación; de Jesucristo, de la regeneración, de la santificación y de la oración. Pero en ningún lugar se alude siquiera a la glosolalia[3].

B. Jesucristo. Ni siquiera una vez, en toda la instrucción de Jesús, se menciona aunque sea indirectamente el hablar en lenguas. Ni tampoco lo practicó Él mismo, a quien Dios le había dado el Espíritu sin límite alguno (Jn. 4:34). Jesús nos habla de las cosas importantes de la vida: la fe, la salvación, la santificación, la iluminación, la oración, la obediencia y las normas divinas para vivir. Pero ni siquiera una vez considera que el hablar en lenguas es lo suficientemente importante como para mencionarlo. Él da toda clase de instrucciones, mandatos y ejemplos, pero la glosolalia no figura entre ellos. Sería bastante atrevido quien, en contraposición a Jesús, pensara que el hablar en lenguas es la experiencia más importante después de la salvación.

Algunos recurren a Marcos 16:17-18 como el pasaje en que Jesús trató de hablar de las lenguas: "Y estas señales seguirán a los que creen: en mi nombre echarán fuera demonios; hablarán nuevas lenguas; tomarán en las manos serpientes, y si bebieren cosa mortífera, no les hará daño; sobre los enfermos pondrán sus manos y sanarán". Pero esta pretensión no es oportuna porque:

1. Hay un consenso casi unánime entre los eruditos bíblicos

—tanto conservadores como liberales— en cuanto a que Marcos 16:9-20 no fue inspirado por el Espíritu Santo, sino añadido posteriormente a la Palabra de Dios. El juicio de ese gran baluarte ortodoxo que es Benjamin Warfield resulta tan verdadero en la actualidad como lo era en 1918 cuando lo escribió: "Sin embargo —dice Warfield— es tan cierto que [Mr. 16:17-18] es espurio como puede serlo cualquier otra cosa de este género"[4]. Y las versiones modernas de la Biblia concuerdan todas con este juicio. Así, por ejemplo, la Nueva Versión Internacional separa los versículos 8 y 9 con un espacio y un subtítulo, y luego agrega una nota al pie que dice: "Los manuscritos más antiguos y otros testimonios de la antigüedad no incluyen Marcos 16:9-20". Lo mismo hace La Biblia de las Américas en una nota al margen acerca del versículo 9; mientras que la Biblia Textual acaba con el versículo 8 y añade seguidamente una larga nota, explicando que "en los manuscritos griegos existentes en la actualidad, se registran cuatro finales distintos del Evangelio según Marcos". Las dos versiones católicas modernas, editadas por decisión de la Iglesia, por su parte, afirman que si bien este pasaje está en el canon, no lo escribió Marcos.

2. Si estos versículos son parte de la Biblia original y los pronunció Jesús, resulta arbitrario que quienes hacen hincapié en la glosolalia escojan un elemento de la enseñanza de Cristo en detrimento de los otros, tales como el beber veneno y el tomar en las manos serpientes. Estas dos prácticas se encuentran entre el hablar en lenguas y el sanar enfermos en Marcos 16:17-18: si hay que practicar aquella, debería hacerse lo mismo con las demás.

3. Pero supongamos que se admite por un momento que el Espíritu Santo inspirara Marcos 16:17. Aun así, este versículo sería el único lugar en toda la Escritura donde Jesús menciona el hablar en lenguas; con todo, no se trata de un mandamiento, sino solamente de una predicción en cuanto a que la glosolalia se practicaría. Esta referencia incidental y única mostraría aún que Jesús no consideraba muy importante el hablar en lenguas; en caso contrario, como en lo referente a la fe, el amor, la obediencia y la oración, hubiera enseñado acerca de ello extensamente y lo

hubiera practicado Él mismo.

C. Los Evangelios. Ninguno de los cuatro Evangelios cita un ejemplo del hablar en lenguas, ni presenta a alguno de los Apóstoles dando instrucciones acerca de ello. Así, pues, más de una tercera parte del Nuevo Testamento guarda completo silencio en cuanto al asunto.

D. Pentecostés. En Hechos, el hablar en lenguas se menciona solo tres veces: Hechos 2 (Pentecostés), Hechos 10, 11 (Cornelio) y Hechos 19 (Éfeso). Al examinar Pentecostés, debería advertirse de antemano que el hablar en lenguas de aquella ocasión no fue de la misma clase que Pablo menciona en 1 Corintios 12—14.

1. En Pentecostés, los Apóstoles hablaron en lenguas extrañas para el pueblo que procedía de muchos países extranjeros. No se necesitaron intérpretes. Pero en el caso del hablar extático de 1 Corintios 12—14, Pablo dice que nadie podía entender lo que se hablaba a no ser que se les interpretara. Esto se parece a la mayor parte del hablar en lenguas actual, que no se lleva a cabo en una lengua extranjera, y es diferente de la glosolalia pentecostal.

2. En Pentecostés, la capacidad de comunicarse en una lengua extranjera se dio como transición del Antiguo Testamento al Nuevo Testamento. Pero en Corinto, el hablar en lenguas se daba en una iglesia que ya había superado esa transición.

3. En Pentecostés, la glosolalia se dio una sola vez como experiencia iniciadora, pero en Corinto era un don continuado.

4. En Pentecostés, todos los presentes hablaron en lenguas, mientras que en Corinto solo algunos tenían ese don.

5. Una última diferencia es que, en Pentecostés, la capacidad de hablar en lenguas extranjeras se otorgó para confirmar y autenticar la impresionante manifestación del Espíritu Santo, en tanto que en Corinto el hablar en lenguas era primordialmente para edificación de la persona misma y de la iglesia.

Por estas razones no es posible recurrir a la experiencia pentecostal de hablar en lenguas como base, ni para la glosolalia de Corinto, ni para la de hoy. Ambas cosas son totalmente diferentes.

E. Hechos 10, 11. En este pasaje, Lucas relata cómo en la Iglesia primitiva, no mucho después de Pentecostés, el Evangelio se extendió a un gentil: Cornelio, centurión en el regimiento italiano. El resultado de la visita de Pedro a Cornelio fue que el Espíritu Santo vino sobre todos los gentiles que lo escuchaban, y todos hablaron en lenguas. Este fenómeno del hablar en lenguas no es de la misma índole que el llamado hablar en lenguas actual. Adviértanse las diferencias:

1. En Hechos 10, el Espíritu Santo vino sobre todos los presentes y todos hablaron en lenguas. En el caso de Corinto, como en la actualidad, solo unos pocos en la iglesia hablaban en lenguas.

2. En Hechos 10, no hubo una larga búsqueda del Espíritu ni un deseo intenso del mismo, como suelen pedir los glosolalistas de hoy. No hubo condiciones que tuvieran que cumplirse. Antes bien, al explicar Pedro el Evangelio por primera vez, el Espíritu vino sobre ellos y hablaron en lenguas. Fue un don impresionante de Dios y no el resultado del esfuerzo del hombre.

3. En el caso de Cornelio, los dones especiales del Espíritu Santo y de la glosolalia vinieron solo sobre aquellos que aceptaban a Cristo por primera vez y que ni siquiera habían sido bautizados. No vinieron sobre Pedro y los seis hombres que habían llegado con él y que ya eran creyentes. En el movimiento moderno se pretende que el Espíritu Santo y la glosolalia los reciben solo los creyentes algún tiempo después de haber sido salvados. Pero aquí, la fe, la venida del Espíritu y la glosolalia fueron simultáneos: en cuanto Cornelio y los suyos creyeron, el Espíritu vino sobre ellos y todos hablaron en lenguas. Después de esto, los bautizaron como señal de que habían sido regenerados (Hch. 11:18).

En este pasaje, Dios nos dice básicamente que el Evangelio no es solo para los judíos sino también para los gentiles. Este fue el propósito de la visión de Pedro, en la cual Dios le mandó comer el alimento que había descendido en una sábana desde el cielo, aunque dicho alimento hubiera estado prohibido por la ley judía durante siglos. Para los judíos, quienes llevaban 2000 años acostumbrados a pensar que eran los escogidos de Dios y que los gentiles eran anatema para Él, fue difícil creer que Dios hubiera cambiado de idea. Por ello, como confirmación de este hecho, Dios actuó en una forma impresionante tanto en Pentecostés como en la casa de Cornelio. La expresión de Pedro fue: "Cayó el Espíritu Santo sobre ellos también, como sobre nosotros al principio" (Hch. 11:15), refiriéndose a Pentecostés. Sobre estos gentiles que creían por primera vez, Dios envió la señal del hablar en lenguas para confirmar que se les había dado realmente el Espíritu. Esta prueba externa convenció a los creyentes judíos en la iglesia en Jerusalén, por lo que dijeron: "De manera que también a los gentiles ha dado Dios arrepentimiento para vida" (11.18).

F. Hechos 19:1-17. Este pasaje nos habla de la visita de Pablo a los gentiles de Éfeso:
cómo los efesios habían sido bautizados con el bautismo de Juan, pero ahora por medio del ministerio de Pablo fueron bautizados en Cristo; y cómo el Espíritu Santo vino sobre ellos; y cómo hablaron en lenguas y profetizaron.

Los sucesos de Éfeso son muy semejantes a los relacionados con Cornelio, y tienen muy poco que ver con la moderna glosolalia:

1. El don de lenguas vino a los gentiles.
2. Vino sobre todos, no sobre unos pocos.
3. Fue simultánea con el hecho de creer y no subsiguiente como una segunda bendición.
4. No hubo cumplimiento alguno de ciertas condiciones, más que la única exigencia bíblica del arrepentimiento de pecados y la fe en Cristo.
5. Su propósito fue confirmar la acción de Dios al extender el Evangelio a los gentiles. Los efesios habían sido bautizados con el bautismo de Juan; pero ahora que Cristo había muerto, ahora que el Espíritu había venido en Pentecostés, era importante rebautizarlos, esta vez en Cristo. Y como señal de la complacencia de Dios en este impresionante cambio de judío a gentil, Dios otorga a estos gentiles efesios el derramamiento del Espíritu y sus manifestaciones externas de hablar en lenguas y profetizar.

Así, pues, resumiendo los tres lugares en Hechos que se ocupan del hablar en lenguas, vemos que este don no es el mismo que la glosolalia actual. Hoy se trata de una señal deseada que llega algún tiempo después de que aceptamos a Cristo como Salvador, que llega a unos pocos, y cuyo propósito es la edificación del que habla o de otros en la iglesia. Pero en la época de Hechos, el hablar en lenguas venía sin buscarlo, en el momento de la conversión, sobre todos, y con el propósito de mostrar la complacencia de Dios en extender el Evangelio a los gentiles. Por ello encontramos de nuevo poco respaldo bíblico para el hablar en lenguas[5].

G. 1 Corintios 12—14. El gran pasaje acerca del hablar en lenguas se encuentra en estos tres capítulos de 1 Corintios. Este es el único pasaje de la Biblia que se ocupa del hablar en lenguas para edificación y que se parece al movimiento moderno de glosolalia[6]. Lo notable aquí es que, en este único pasaje paulino acerca del tema, Pablo no ensalza el hablar en lenguas sino que le da poca importancia. Esto debería decir mucho a cualquiera que hoy desee hablar en lenguas. Para comprender la verdad de esa afirmación, véase lo siguiente:

1. En estos capítulos Pablo habla de dones espirituales singulares, y no únicamente del hablar en lenguas. La glosolalia es solo uno de los muchos dones especiales que se enumeran en esta sección, uno de cuyos puntos más importantes es que a Dios le complace la diversidad y que, así como la mano, la oreja y el ojo no pueden exaltarse por encima de las otras partes del cuerpo, tampoco nadie que haya sido bendecido con un don espiritual específico debe ponerse por encima de los demás.

2. Las tres veces que Pablo enumera los dones, coloca el hablar en lenguas o la interpretación que lo acompaña en último lugar (Hch. 12:8-10, 28-30; 14:26)[7]. Esto no significa necesariamente que considere de manera consciente la glosolalia como el menos importante; pero con toda su insistencia en la inteligencia y sabiduría, aquello que valora mucho lo pone en primer lugar: tal como la sabiduría y el conocimiento en una lista, el ser apóstol o profeta en otra, o el tener un himno, una palabra de instrucción o una revelación en una tercera lista.

3. El verdadero bautismo del Espíritu viene, no como una bendición subitánea subsiguiente al aceptar a Cristo como Salvador, sino en el momento mismo de esa aceptación. "Porque

por un solo Espíritu fuimos todos bautizados en un cuerpo" (1 Co. 12:13). El bautismo por el Espíritu significa ser hecho cristiano por el Espíritu Santo.

4. El amor es más importante que las lenguas (cap. 13). ¡Qué extraordinarias son estas palabras de Pablo! En toda la Biblia tenemos un solo lugar donde el Apóstol da instrucciones acerca de la glosolalia, y en ese mismo lugar Pablo dice que hay algo mejor que el hablar en lenguas. Así escribe: "¿Hablan todos lenguas? ¿interpretan todos? Procurad, pues, los dones mejores. Mas yo os muestro un camino aun más excelente" (1 Co. 12:30-31); a saber, el amor (cap. 13). En otras palabras, una vez salvado, lo mejor que puede buscar un cristiano no es alguna infusión repentina del Espíritu Santo corroborada por el hablar en lenguas, sino el amor, que es el fruto del Espíritu (Gá. 5:22). Y en el capítulo 14 Pablo prosigue alabando el don de lenguas, pero explicando que mucho mejor que este es la virtud ordinaria del amor. Así, pues, en el centro mismo de esta sección especial acerca de los dones (caps. 12—14), el Apóstol destaca y subraya el amor como el más importante de todos. En esto debería concentrarse el cristiano. Ahí deberían estar sus prioridades: no en ciertos dones especiales, sino en el amor.

5. En 1 Corintios 14:1, Pablo no destaca el hablar en lenguas, sino la profecía, como el mejor don espiritual que hay que buscar. Y escribe lo siguiente: "Procurad los dones espirituales, pero sobre todo que profeticéis" (1 Co. 14:1). El hablar en lenguas está bien —dice Pablo— y es deseable para que una persona se edifique a sí misma; pero el que profetiza edifica a la iglesia, y esto es mejor (1 Co. 14:4). Así, pues —prosigue Pablo—, "quisiera que todos vosotros hablaseis en lenguas, pero más que profetizaseis' (1 Co.14:5). Su largo razonamiento consiste en que el hablar en lenguas es ininteligible para otros y, por consiguiente, no edifica; pero el profetizar (no solo predecir el futuro, sino hablar en nombre de Dios) se puede entender y, en consecuencia, edifica a la iglesia. Así, pues —dice Pablo—, "procurad abundar en ellos [los dones espirituales] para edificación de la iglesia" (1 Co. 14:12), y el hablar en lenguas no es sino uno de ellos.

6. Ni aun en este único gran pasaje acerca de los dones espi-

rituales, Pablo ordena a nadie que hable en lenguas. El Apóstol dice que el que habla en lenguas "se edifica a sí mismo", y añade: "Quisiera que todos vosotros hablaseis en lenguas, pero más que profetizaseis" (1 Co. 14:5). Es verdad que manda a la iglesia que no prohíba el hablar en lenguas (1 Co. 14:39), pero en ningún lugar ordena que se hable en lenguas. Lo más cerca que llega de ordenar se encuentra en 14.1: "Procurad los dones espirituales". Pero esto se refiere a todos los dones —no solo a las lenguas—, y no es en rigor un mandato para todos, como sí lo es el mandamiento "Ama a tu prójimo como a ti mismo". En asuntos de salvación o santificación, o de observancia de la ley, o de oración o bautismo, o de la cena del Señor o el esperar el regreso de Cristo, la Biblia da muchos mandamientos, pero nunca manda a nadie que hable en lenguas.

7. Las directrices de Pablo limitan el uso de la glosolalia. En 1 Corintios 14:26-27 el Apóstol establece cuatro limitaciones:

a. El hablar en lenguas debe ser para el robustecimiento de la iglesia.

b. En un servicio de culto deberían hablar en lenguas solo dos o, a lo más, tres personas.

c. Dichas personas deberían hablar una por una.

d. Tiene que hacerse con intérprete.

H. Romanos, Gálatas, Efesios, Filipenses, Colosenses, 1 y 2 Tesalonicenses, 1 y 2 Timoteo, Tito, Filemón, Hebreos, Santiago, 1, 2 y 3 Juan, Judas y el Apocalipsis no mencionan en ningún lugar el hablar en lenguas.

Así, pues, volviendo a nuestra tesis principal del comienzo de este capítulo: *puede haber actualmente una glosolalia genuina*, aunque muchos cristianos lo dudan. *Sin embargo, si la hay, debe concedérsele la misma importancia que le da la Biblia.* No deberíamos descuidar lo que la Biblia enseña, ni ensalzar aquello que la Biblia no ensalza.

Vemos, pues, que los cuatro Evangelios no dan siquiera un ejemplo del hablar en lenguas ni instrucciones acerca de ello. Nuestro Señor Jesucristo —aun en el caso de que aceptemos la autenticidad de Marcos 16:17— ni una sola vez manda que hablemos en lenguas. En Hechos tenemos solo tres casos de glosolalia, y son diferentes del hablar extático moderno. Aun si fueran de la misma clase que este, serían solo ejemplos y no necesariamente normas para nuestra vida: es decir, ejemplos y no mandatos[8]. Adviértase que fuera de 1 Corintios 12—14, ni siquiera se alude a la glosolalia.

Ahora bien, si la glosolalia fuera tan crucial para nuestro bienestar espiritual, si una segunda infusión del Espíritu Santo manifestada en el hablar en lenguas resultara tan esencial para la santidad de nuestra vida, entonces Jesucristo y la Biblia habrían fracasado en hacérnoslo entender. Porque en toda la Biblia, desde Génesis hasta el Apocalipsis, hay solo un pasaje claro que se ocupe del hablar en lenguas como un don continuado (no como don inicial), y en ese único lugar Pablo le quita importancia y exalta el amor como mucho más importante que el mismo. En ningún lugar de la Biblia se encuentra un mandamiento de hablar en lenguas. La Escritura guarda completo silencio a este respecto. En consecuencia, si existe actualmente el don de lenguas es porque Dios lo ha dado: ese don está muy bien y debería utilizarse, pero tendría que restársele importancia, de la misma forma que lo hicieron Mateo, Marcos, Lucas, Juan, Santiago, Pedro, Pablo, el autor de Hebreos y Nuestro Señor Jesucristo.

Al practicar las lenguas, sin embargo, hay que estar alerta respecto del engaño de aquello que es externo. Porque, por naturaleza, a todos nos gustaría algo impresionante y tangible para nuestra fe. Encontramos más consuelo en las señales externas que en la acción interna del Espíritu, en que se abran los cielos que en que se nos abra el corazón. Pero la vida cristiana no es una vida de fuego, vientos, terremotos, visiones y apariciones angélicas; sino una vida caracterizada por la acción poderosa pero silenciosa del Espíritu Santo. El cristianismo no consiste tanto en cosas tangibles y visibles, como en tener paciencia con un niño nervioso, sacar con alegría las bolsas de la basura y hablar con una viuda al terminar el culto. La santificación supone no tanto la glosolalia espectacular como el ser amable con alguien que nos grita, amar en vez de odiar a la persona se cuela cuando estamos guardando cola y abstenerse de utilizar furiosamente las luces largas si el automóvil que viene en dirección contraria no responde a la señal que le hacemos de bajar la luz.

En tiempos pasados Dios ha permitido que unos pocos poseyeran dones especiales del Espíritu Santo, pero en todas las épocas Él nos manda que seamos santos. Lo que necesitamos no son tanto los dones del Espíritu como el fruto del Espíritu (Gá. 5.22). Y este se dará solo en tanto en cuanto Cristo y el Espíritu moren en nosotros. Cristo es la vid y nosotros los sarmientos (Jn. 15); el Espíritu es el árbol, y nuestras buenas obras son el fruto (Gá. 5). Debemos intentar no embriagarnos con vino, sino ser llenos del Espíritu (Ef. 5:18). Pablo no enseña que haya una presencia repentina y más abundante del Espíritu posterior al haber sido salvos: más bien habla de esa acción constante y diaria del Espíritu en nuestras vidas por medio de la cual crecemos (no damos saltos) en la gracia y el conocimiento de Nuestro Señor Jesucristo. El cristiano no debe engañarse pensando que haya atajos hacia la santidad, que con tres lecciones se pueda llegar a la madurez espiritual o que las lenguas sustituyan al carácter santo. La santidad no es el resultado de una experiencia repentina de glosolalia, sino de la lucha constante contra el pecado y del correr la carrera cristiana[9].

Ahí es donde ocurre la acción: no en lo externo, sino en la operación interna del Espíritu; no en la espectacularidad de las lenguas, sino en la acción del amor. Y esto sucede en tanto en cuanto el Espíritu mora en nosotros. Cuando una persona experimenta Efesios 5:18, a ello le sigue Gálatas 5:22. Deberíamos orar, pues, no tanto para pedir las lenguas sino el amor, no tanto para suplicar el don del Espíritu sino el fruto del Espíritu, no tanto para demandar pruebas visibles sino la acción tranquila y eficaz del Espíritu Santo: "En esto es glorificado mi Padre —dice Jesús—, en que llevéis mucho fruto" (Jn. 15:8).

Espíritu de Dios, mora en mi corazón;
desarráigame de la tierra, que me mueve con todos sus impulsos;
inclínate hacia mis debilidades desde tu poder,
y hazme amarte como debería hacerlo.
No pido sueños, ni éxtasis de profetas,

ni que se rasgue de inmediato el velo de arcilla,
ni que me visite un ángel, ni que se abra
el firmamento;
pero quita las tinieblas de mi alma.

Enséñame a amarte como te aman tus ángeles,
con una sola pasión que llene mi ser:
el bautismo de la Paloma bajada del Cielo.
Sea mi corazón el altar, y tu amor la llama.

[1]El hablar estático en lenguas se encuentra no solo entre cristianos, sino también entre muchos no cristianos, tales como los esquimales, zulúes, hindúes, musulmanes y mormones. Esta glosolalia no es necesariamente el resultado de la acción del Espíritu Santo.

[2]Esta es la conclusión del informe sobrio, extenso (95 páginas) y muy útil, sometido al sínodo de la Iglesia Cristiana Reformada de 1973 (Gran Rapids, 1973). Lamentablemente, no se ocupa extensamente del punto del cese de los dones especiales y en este sentido tiene valor limitado.

[3]Isaías 28:11,12 no se refiere a la glosolalia sino al hablar en una lengua extranjera por parte de los asirios que invadían Israel.

[4]*Counterfeit Miracles*, Nueva York, p. 167.

[5]También debería advertirse que Hechos habla nueve veces de personas que fueron llenas del Espíritu Santo y, sin embargo, no hay prueba de que como resultado de ello hablaran en lenguas: Pedro (4:8), creyentes (4:31), los siete (6:3), Esteban (6:5; 7:55), Pablo (9:17; 13:9), Bernabé (11:24) y los discípulos en Antioquía (13:52).

[6]Algunos creen que el hablar en lenguas de 1 Corintios 12—14 era como el hablar en una lengua extranjera de Pentecostés. Si esta teoría fuera cierta, entonces solo demostraría un gran abismo entre el Nuevo Testamento y la moderna glosolalia, la cual raras veces —quizá nunca— se da en lenguas extranjeras. (Por otra parte, dos factores conducen a muchos a creer que el hablar en lenguas de 1 Corintios era un fenómeno extático y no el empleo de una lengua extranjera: 1. Al comparar el hablar en lenguas con notas musicales que no tienen diferencia (14:7-8), Pablo alude a un hablar extático ininteligible, porque una lengua extranjera tiene sonidos que son muy distintos. 2. ¿Acaso diría un incrédulo, al oír a alguien que habla en otra lengua, que está loco? (14:23).

[7]Cuando Pablo enumera los dones espirituales en Romanos 12:6-8, resulta notable que ni siquiera mencione el hablar en lenguas.

[8]Hemos de tener cuidado con elevar los relatos históricos a la categoría de mandamientos, diciendo que estamos obligados a emular todo lo que sucede en la Historia. No debemos canonizar dicha Historia. John Stott lo dice muy bien cuando escribe: "La revelación del propósito de Dios en la Biblia debería buscarse en sus partes *didácticas* más que en las *históricas*. Más exactamente, deberíamos buscarla en la enseñanza de Jesús, y en los sermones y escritos de los apóstoles, y no en las cuestiones puramente narrativas de Hechos. Lo que en la Escritura describe como sucedido a otros no va necesariamente destinado a nosotros, en tanto que *lo que se nos promete debemos hacerlo nuestro,* y *lo que se nos manda debemos obedecerlo*". *El bautismo y la plenitud del Espíritu Santo* (Certeza, 1965), p. 4.

[9]Donald Burdick dice lo mismo en su excelente estudio acerca de lenguas titulado *Tongues: to Speak or Not to Speak* (Moody Press, 1969), p. 86: "Los logros espirituales —afirma— no se consiguen fácilmente, sino que son el resultado de un crecimiento doloroso, de derrota tras derrota seguida de victoria, de luchar en oración y de buscar la Palabra de Dios. El carácter cristiano se forja golpe a golpe en el yunque de la experiencia diaria. Nunca viene rápidamente, sino que, como la madurez en todas las esferas, es el producto de un lento proceso de crecimiento".

10

El Espíritu Santo y la dirección

La gente actual anda en busca de dirección. El mundo, con todas sus complejidades, presenta muchas ocasiones en las que hay que decidir; y nos preguntamos: "¿Debería casarme con esta muchacha o no?"; "¿habría de ir a la universidad o empezar un negocio?"; "¿cuánto dinero debería ofrendar a la iglesia?"; "¿qué empleo tendría que aceptar?". Queremos saber lo que es más conveniente, pero no sabemos cómo decidir. La gente quiere dirección y la busca. Desean que alguien les ayude a decidirse y les muestre qué camino tomar. A veces dicen: "Estaría dispuesto a hacer aquello que está bien si supiera lo que es".

El cristianismo ofrece la respuesta a esta necesidad tan profunda: brinda dirección a aquellos que están perplejos ante las elecciones que deben hacer. Hablando en rigor, el término dirección quiere decir dos cosas radicalmente diferentes. Una de ellas es la dirección bíblica; es decir, aquellas instrucciones que Dios nos da en la Biblia en cuanto a decisiones morales. Con esta clase de dirección el Espíritu Santo tiene una relación directa. La otra es la dirección providencial; es decir, la fuerza rectora de Dios respecto a todas las fuerzas de la vida, de manera que el individuo tiene que ir por cierto camino. La primera clase de dirección concierne a la voluntad preceptiva de Dios (lo que deberíamos hacer); la segunda, se refiere a su voluntad de decreto: lo que Dios decide que suceda.

1. DIRECCIÓN BÍBLICA

A. En las decisiones morales. El Espíritu Santo es el autor de la dirección en el primer sentido; es decir, en indicar al cristiano cuál es la voluntad de Dios para su vida. Jesús dijo: "Pero cuando venga el Espíritu de verdad, Él los guiará a toda la verdad" (Jn. 16:13); y también: "Mas el Consolador, el Espíritu Santo, a quien el Padre enviará en mi nombre, Él os enseñará todas las cosas, y os recordará todo lo que yo os he dicho" (Jn. 14:26). Pablo, por su parte, escribió: "Porque todos los que son guiados por el Espíritu de Dios, estos son hijos de Dios" (Ro. 8:14). No cabe duda de que la Biblia enseña que el Espíritu guía a los hijos de Dios.

En el capítulo 4 examinamos el don maravilloso del Espíritu Santo: don de revelación al mundo. Vimos que, según el testimonio de la Biblia acerca de sí misma, esta es infalible en las lenguas originales. No solo es la palabra del hombre, sino también la Palabra de Dios: la voz escriturada de Dios. Esto significa, desde luego, que con esta Palabra del Espíritu podemos conocer, con certeza absoluta, qué camino deberíamos seguir en muchas ocasiones. La Palabra está repleta de instrucciones para nosotros, las cuales nos indican en forma concreta y precisa qué debemos hacer en muchas circunstancias de distinta índole, "Toda la Escritura es inspirada por Dios, y útil para enseñar, para redargüir, para corregir, para instruir en justicia, a fin de que el hombre de Dios sea perfecto, enteramente preparado para toda buena obra" (2 Ti. 3:16-17).

Una joven, por ejemplo, puede estar profundamente enamorada de un muchacho que no es cristiano, y desea saber si debería casarse con él o no. Entonces acude a la Biblia y encuentra dirección respecto a qué decisión tomar. Porque 1 Corintios 7:39 dice que debería casarse "en el Señor". Si no lo hace peca. El Espíritu nos guía en esta forma por medio de la Palabra.

O quizá alguien esté indeciso en cuanto a la iglesia de que debe hacerse miembro. Una posee un edificio hermoso, ofrece cultos amenos y sus miembros son gente de una cierta posición social, pero en ella no se enseña el verdadero evangelio de Cristo. La otra, en cambio, es pequeña y de poco prestigio ante la comunidad; pero predica, sin compromisos, todo el consejo de Dios. En este caso, también, la Palabra del Espíritu brinda una dirección clara en cuanto a la iglesia de que debería hacerse miembro.

O la casualidad hace que un soldado que está de guardia en un almacén tenga la oportunidad de obtener una chaqueta nueva y elegante sin que nadie se dé cuenta de ello. Otros soldados lo hacen: ¿debería seguir su ejemplo o no? La Palabra viene entonces a dirigirlo con mucha claridad en este asunto, porque el octavo mandamiento dice "No hurtarás".

Mediante estos ejemplos, vemos que el Espíritu nos guía por medio de la Palabra de Dios en aquellos problemas morales a que nos enfrentamos. Hemos mencionado solo tres de ellos; pero la Biblia, desde luego, está llena de instrucciones en todas sus páginas. Nos guía con mandamientos tales como los del Decálogo, mediante las instrucciones de los apóstoles a las iglesias, con el ejemplo de Cristo mismo, con los ejemplos de los santos del Antiguo y Nuevo Testamentos, con la amonestación de los ejemplos de pecado, y de muchas otras formas. Así, pues, de una forma u otra el Espíritu Santo nos ofrece de hecho, por medio de la Biblia, directrices claras para muchas de las situaciones en que nos encontramos, y acerca de las cuales quizá pensábamos que la Palabra de Dios no decía nada.

Esto significa que debemos conocer esa Palabra en detalle si queremos encontrar la dirección del Espíritu. No basta simplemente con sabernos los Diez Mandamientos. Hemos de conocer la Biblia de punta a cabo, en toda su amplitud y profundidad. De no ser así, no tendremos derecho a esperar una dirección especial y extraordinaria que supla nuestra pereza. El Espíritu Santo no hará por nosotros, sin la Palabra, aquello que ya ha hecho por medio de ella, guía infalible para nuestra vida. Si con frecuencia pensamos que la Biblia no nos ofrece dirección para el problema a que nos enfrentamos, muy a menudo se debe a que no la conocemos suficientemente bien. Por consiguiente, debemos ser diligentes en estudiar esa guía, de manera que lleguemos a saber cómo decidir cuando se nos presenten ocasiones para ello.

Vimos también en el capítulo 5 que si una persona quiere conocer algo con certeza, no le basta con poseer un libro, por verdadero y sencillo que este sea. Si alguien está ciego no puede leerlo y, por tanto, es necesario un segundo elemento a fin de poder recibir ayuda del libro en cuestión: ese elemento es la visión. Advertimos, entonces, que el Espíritu Santo no solamente ofrece una Palabra infalible, sino también, mediante la regeneración, le da al hombre espiritualmente ciego la visión espiritual necesaria para que lea lo que está ante sus ojos. El hombre necesita la iluminación del Espíritu Santo para poder leer; esto explica por qué en el asunto de la dirección bíblica necesita también la iluminación del Espíritu. Si bien la Biblia está llena de instrucciones para nuestra vida, muchos de los que la leen nunca encuentran dirección porque están ciegos. Y esto es así no solo en el caso del no cristiano, que no tiene en absoluto al Espíritu en su vida, sino hasta cierto punto también en el caso del cristiano.

El pecado es causa de ceguera espiritual, y como en el cristiano sigue habiendo un residuo de pecado, también él está parcialmente ciego. Para eliminar esta ceguera es necesario que el Espíritu Santo actúe en el alma. Debe iluminar la mente entenebrecida, haciendo que el lector de la Biblia capte el significado de ciertos principios de dirección cuando los lee, y haciéndole caer en la cuenta de la pertinencia de los principios bíblicos para las decisiones que debe tomar. Y debe también santificar la voluntad del cristiano para que sus prejuicios, consecuencia de sus deseos pecaminosos, no interfieran con la decisión justa.

Cuando el cristiano lee la Palabra del Espíritu con una mente y un corazón cada vez más iluminados y santificados por ese mismo Espíritu, dispone de un medio por el cual puede saber cómo tomar las decisiones correctas. De hecho, este es el único medio de dirección que el Espíritu da al cristiano en decisiones entre el bien y el mal, no hay otro.

Por los tres ejemplos antes citados, se ve claramente que la Biblia es una guía lúcida en los muchos casos en que prescribe con claridad la elección moralmente buena entre dos acciones. Hay, sin embargo, muchos otros casos en los cuales la dirección no es tan clara. Por ejemplo, la Biblia me dice que dé sacrificadamente, ¿pero qué constituye un sacrificio para mí? ¿Cómo puedo saber con exactitud cuánto debería dar a la iglesia cada año? La respuesta varía mucho en cada caso, y depende de factores tales como el monto del ingreso, el tamaño de la familia y la cantidad de enfermedades en la misma.

Es evidente que esta decisión resulta muy difícil, sobre todo porque no estamos completamente santificados y porque el gran atractivo de las cosas materiales de este mundo interfiere con una decisión clara y objetiva. Sin embargo, también aquí podemos encontrar la dirección del Espíritu por medio de la Biblia y no aparte de la misma. Si buscamos sinceramente la dirección del Espíritu en el asunto del dar, si estudiamos con esmero las circunstancias en que los santos de la Biblia dieron y meditamos en las instrucciones abundantes de Pablo en 2 Corintios 8 y 9, el Espíritu nos hará conscientes de la pertinencia de un ejemplo o un mandato concreto respecto de nuestra necesidad específica. Al mismo tiempo, quizá nos libere de deseos intensamente avariciosos; de manera que estemos dispuestos a aceptar la dirección bíblica que el Espíritu nos hace ver.

Así, pues, la Biblia es guía suficiente para toda decisión moral en nuestra vida. En algunos casos la dirección es explícita; en otros debe deducirse de la Escritura. Pero en todo caso es suficiente para indicarnos lo moral de todas nuestras decisiones.

B. En la Adiáfora. Sin embargo, hay ocasiones en que la decisión no es entre lo bueno y lo malo, sino entre dos alternativas moralmente buenas. A estas se las llama adiáfora. Un joven puede tener que decidir entre la oportunidad de ser encargado de taller en la Ford o en la General Motors; o quizá la cuestión sea si debe pasar las vacaciones en la montaña o en la costa, casarse con una cristiana de una universidad o de otra, ser anciano de la iglesia o superintendente de la escuela dominical, ir como misionero a Nigeria o a Japón, hacer el viaje a la India en junio o en septiembre. En estos casos, *si no intervienen otros factores*, quizá no esté en juego ni el bien ni el mal; de ser así, la Biblia autoriza ambas decisiones, porque las dos son buenas. Entonces no debemos buscar una revelación nueva, aparte de la que ya nos da el Espíritu en la Biblia, para que nos guíe en estas decisiones.

Naturalmente, sin embargo, la decisión entre dos cosas moralmente buenas puede tener gran repercusión en la vida de uno. Puede haber consecuencias muy distintas entre que la persona vaya a la Casa Rosales o a la Fabrica Muñoz, que se case con la muchacha de una universidad o de otra, que sirva en Nigeria o lo haga en Japón. Por consiguiente, queremos que Dios nos guíe hacia el sendero más conducente al bien de todas las personas implicadas y que nos haga glorificarlo a Él más. Pero esto no quiere decir que deberíamos pedir a Dios que nos indique, en alguna forma sobrenatural, la elección que debemos tomar.

Porque pedir una revelación nueva, una dirección nueva, sería negar la suficiencia absoluta de la Biblia "espirada" por el Espíritu. Entonces andaríamos en el error peligroso de Roma, la cual, en vez de confiar únicamente en la Biblia y en la iluminación del Espíritu Santo, pide la revelación adicional de la Iglesia; e incurrimos en el peligro de los místicos, quienes, no satisfechos con la Revelación del Espíritu en la Escritura, buscan una revelación nueva, individual. Por el contrario, creemos que los teólogos de Westminster estaban en lo cierto cuando, en forma elocuente y cuidadosa, afirmaron que "*el consejo total*" de Dios respecto a todo lo necesario para su gloria, la salvación, la fe y *la vida* del hombre, está expresamente establecido en la Escritura, o se puede deducir como consecuencia necesaria de esa misma Escritura, *a la que nunca se le puede añadir nada, ya sea en forma de revelaciones nuevas del Espíritu, ya sea con tradiciones de los hombres*" (Confesión de Fe de Westminster I, IV).

Hay, sin embargo, tres cosas que deberíamos hacer cuando se trata de escoger entre dos alternativas moralmente buenas. Primero, entregarnos de lleno a estudiar todos los factores que rodean a las dos o más alternativas. Segundo, al hacerlo, pedir que el Espíritu Santo fortalezca nuestra capacidad natural de discernimiento y sentido común, a fin de llegar a una decisión sabia. Finalmente, deberíamos pedir a Dios que dirija de tal forma todas las circunstancias de la vida que, aunque quizá no sepamos con certeza si hacemos lo mejor o no, de hecho nos movamos en la dirección más acertada. En otras palabras, podemos pedir que Dios dirija de tal forma toda la vida que se cumpla lo que dice Pablo: "A los que aman a Dios, todas las cosas les ayudan a bien, esto es, a los que conforme a su propósito son llamados" (Ro. 8:28).

2. ERRORES QUE HAY QUE EVITAR

La Historia revela que en relación con la dirección del Espíritu se han dado tres errores. Cada uno de ellos nace de no observar el principio bíblico de que el Espíritu guía al cristiano en forma infalible solo por medio de la Biblia; y cada uno de ellos, si se lleva a sus últimas consecuencias, interfiere con la autoridad del Espíritu. Dos de estos errores tienen relación con la segunda clase de dirección mencionada anteriormente —a saber, la dirección providencial—, y el tercero se relaciona con las revelaciones especiales, extrabíblicas, del Espíritu.

Aunque la dirección bíblica sea el único medio por el cual el cristiano puede conocer la voluntad de Dios en las decisiones morales de su vida, está este segundo tipo de dirección —la dirección providencial— que se parece a la dirección bíblica solo en el nombre. Sin embargo, bien entendida, también puede llamarse genuinamente dirección.

Es un hecho que el Creador omnipotente controla todas las cosas del mundo. No solo ordena los grandes acontecimientos de la Historia, el levantamiento y la caída de las naciones, las grandes guerras, los logros de la ciencia y de la medicina (los cuales están revolucionando nuestra vida), y la elección de presidentes; también determina las cosas pequeñas que nos parecen insignificantes: tales como la caída de la golondrina, el balanceo de la espiga con la brisa veraniega y el curso exacto de la gota de lluvia sobre el cristal de la ventana. Como Dios tiene este poder, puede dirigir y dirige la vida de la gente hasta en sus más mínimos detalles. Si se lo distingue cuidadosamente, este control de parte de Dios se puede llamar "dirección providencial"; si bien el uso indiscriminado del término puede llevar a confusión.

¡Qué maravilla que contemos con la dirección providencial! Un Dios bueno y amante gobierna nuestra vida y nos guía hacia las sendas que son buenas para nosotros. Dirigió, por ejemplo, todas las circunstancias que rodearon la venta de José para Egipto, incluyendo los detalles de la dirección y velocidad del rebaño de Jacob; de forma que, precisamente en el momento exacto, fueran a encontrarse con la banda de ismaelitas que iban allí. Dirigió el deseo de los ismaelitas de ir desde Galaad a Egipto en un día determinado, a una hora determinada, ni antes ni después. Si estos y otros detalles hubieran sido diferentes, a José nunca lo habrían vendido para Egipto, y todo el curso de la redención —que estuvo condicionada por la permanencia de los israelitas en ese país— hubiese sido distinto. Sí, Dios dirige —en su providencia— aun los más mínimos detalles.

Dios regula el horario de los trenes de modo que una determinada persona encuentre a su futura compañera en una estación precisa. Determina la necesidad y el deseo que una madre tiene de una caja de jabón de forma que vaya justamente a una tienda a una hora precisa. De camino hacia la tienda da testimonio a un extraño, y ese testimonio viene a ser el medio inicial que llevará a este a salvarse. Con su providencia, Dios hace que el profesor de latín se quede parcialmente sordo, de modo que se vea obligado a renunciar a su profesión e ir a otra ciudad para aprender un nuevo trabajo. En esa otra ciudad alguien lo lleva a una iglesia donde más tarde encuentra a Cristo. Esto cambia toda su vida y significa la entrada posterior de su hijo en el ministerio del Evangelio; y este hecho, a su vez, influye en muchas vidas. Todo esto sucede debido a la sordera que Dios le causó a propósito. He ahí la dirección de Dios, y deberíamos regocijarnos de que Él nos guíe en forma tan benigna, a menudo a lugares adonde no queremos ir y que, sin embargo, resultan muy provechosos; nos abre sendas en las que nunca hubiéramos pensado. Sí, Dios nos dirige con su providencia.

Es preciso, sin embargo, hacer una distinción cuidadosa: si bien resulta indubitable que Dios nos guía con su providencia, nunca —y subrayamos la palabra *nunca*— podemos decir que el curso de los acontecimientos nos muestre, en forma infalible, aquello que Dios desea que hagamos en el futuro o que deseó que hiciéramos en el pasado. La providencia nos dice cómo, de hecho, Él nos ha guiado o dirigido en el pasado; nos hace ver su actuación, pero no es una forma de saber de modo indiscutible lo que debemos hacer en el futuro o lo que hubiéramos debido hacer en el pasado. Afirmar esto no sería bíblico, y sí muy peligroso: equivaldría a decir que, aparte de la Biblia, Dios nos da revelación.

Una afirmación tal no atribuye el mérito exclusivo que le corresponde a la acción directriz del Espíritu Santo en su Palabra. Ejemplifiquemos cómo esta dirección providencial se puede utilizar mal de dos maneras diferentes.

A. En primer lugar, algunos cristianos bien intencionados afirman que pueden precisar sin sombra de duda lo que Dios quiere que hagan en el futuro por medio de una observación correcta de ciertos acontecimientos providenciales. Por ejemplo, un ministro prominente no sabía si cancelar o no el paseo de la iglesia organizado para esa tarde de sábado a causa de la lluvia. Por ello sometió a Dios a prueba. Le dijo a Dios que si llegaba a ver un poco de cielo azul antes de mediodía, seguiría adelante con los planes del paseo. De lo contrario, lo suspendería. En este caso sí vio un poco de cielo entre las nubes amenazadoras; salieron, por tanto, de paseo y disfrutaron de una tarde soleada. Luego contó a su congregación este suceso, sacando como conclusión que Dios nos muestra con señales providenciales aquello que debemos hacer.

Otro siervo de Dios —un misionero— contó en cierta ocasión que para saber si era o no la voluntad de Dios que se casara con determinada muchacha, buscó de Él una señal. Decidió que si la respuesta de Dios era que sí, entonces Él le mostraría su voluntad haciendo que por lo menos un muchacho llegara a Cristo mediante su predicación en una determinada escuela cierto día. Dios así lo hizo y, en consecuencia, el hombre se casó con la muchacha. Más adelante, esta misma persona tuvo aun la audacia de someter a Dios a prueba en una forma parecida, después de estar casado, pidiéndole que confirmara su unión (como si se le hubiera justificado el ir en contra de la voluntad revelada de Dios en la Biblia, y obtener la separación, en caso de no haber recibido esa confirmación del Señor).

Una muchacha, que estaba indecisa en cuanto a ir o no ir a la India de misionera, dijo que no se marcharía a menos que viera la palabra "India" escrita con letras de dos metros de altura. Poco después, al entrar en un caserío donde se celebraba una concentración misionera, pudo ver esa palabra escrita con letras tan enormes como había pedido. Entonces supo —dijo ella— cuál era la voluntad de Dios al respecto.

Otros abren la Biblia al azar, dejan caer el dedo a ciegas sobre un versículo y, basándose en lo que leen, dicen que Dios les ha indicado su voluntad. Otros aún razonan que, cuando Dios hace que resulten muy difíciles ciertos senderos, colocando un obstáculo tras otro Él "cierra" esa puerta para sus vidas. O quizá haciendo fácil otro camino, Él les "abre" esa puerta y les "muestra" lo que tienen que hacer. De este modo —afirman— conocen su voluntad sin lugar a dudas y viven en paz.

Cierta persona, por ejemplo, quería comprar una determinada casa, pero no estaba segura de si era la voluntad del Señor. Decidió hacer un esfuerzo razonable —no máximo— por adquirir la vivienda. Solo tenía 500 dólares en billetes, de modo que fue al banquero y le explicó sinceramente su situación para ver si podía obtener un préstamo por el dinero que le faltaba. Antes de ir al banco, sin embargo, había decidido que si después de explicarle al banquero el asunto este le prestaba el dinero, era la voluntad de Dios que comprara aquella casa. Si el banquero no le concedía el préstamo, no utilizaría otros medios para adquirir la vivienda. Al no concedérsele el préstamo, se fue a otra localidad pensando que Dios le había indicado ese camino.

Estas formas de determinar la voluntad de Dios en cuanto a nuestra conducta no son bíblicas y, además, están sujetas a una arbitrariedad irracional. No hay pruebas bíblicas de que Dios esté dispuesto a dar señales para indicarnos el curso que debemos tomar. A veces un cierto suceso providencial parece ser la señal, pero se debe recordar que a menudo Dios coloca a propósito obstáculos en nuestro camino, por razones que solo Él conoce. En ocasiones lo hace, no para indicarnos que no vayamos en cierta dirección, sino para corregirnos y con ello acercarnos más a Él. Otras veces coloca un obstáculo tras otro en nuestro camino para fortalecernos y poner a prueba nuestra perseverancia. Imaginemos qué habría hecho la mujer de la parábola del juez injusto (Lc. 18) si hubiera seguido estas teorías no bíblicas de la dirección. En lugar de insistir en su petición de que el juez examinara su caso, habría deducido que, debido a sus muchas fallas, Dios no quería que se cumpliera su deseo y, por consiguiente, hubiera desistido de acudir al juez. Pero la enseñanza de la parábola es precisamente que la mujer fue sabia al persistir, y que nosotros deberíamos hacer lo mismo.

¿O dónde estaría la obra del gran misionero en la India, William Carey, si hubiera cedido ante las "puertas cerradas?. Pensemos en los obstáculos que se le pusieron delante para que no fuera a la India: la Compañía de la India Oriental, que controlaba todo el país, se oponía a los esfuerzos misioneros; su esposa se negaba rotundamente a ir con él, y no cambió de idea sino unos pocos días antes de la fecha de partida —más adelante se sintió deprimida, no mostró ninguna simpatía por su esposo y, por fin, enfermó de la mente—; la disentería se apoderó de toda la familia; y Carey tuvo que pedir dinero prestado para no morir de hambre. Muchos hubieran considerado que esos obstáculos eran la forma en que Dios lo guiaba para que no fuera a la India o para que no continuara en ese país. Sin embargo, Carey perseveró "esperando grandes cosas de Dios" y Dios bendijo su obra en forma sobresaliente.

Quizá un joven se pregunte si Dios lo llama al ministerio o no, y debido a un defecto en el habla puede que deduzca que Él le cierra la puerta al ministerio pastoral y le indica que debería entrar en otra esfera de trabajo. Tal vez sea este el deseo de Dios; pero también podría ser que Él quisiera convertirle en un segundo Demóstenes, quien con disciplina superó las dificultades que tenía en el habla, y que después de todo entre en el ministerio.

Así, pues, por medio de este método extra bíblico de buscar la dirección de la Providencia, es posible que la gente se engañe a sí misma pensando que se le ha cerrado una determinada puerta, en tanto que lo que Dios está haciendo realmente es someter a prueba su propósito y perseverancia y la está dirigiendo a cosas mejores a través de las pruebas. Por consiguiente, debemos ser sumamente cautos al tratar de discernir la voluntad de Dios para nuestro futuro a través del examen de determinados acontecimientos.

B. Tampoco podemos —y este es el segundo uso inadecuado de la dirección providencial—, basándonos en acontecimientos providenciales, hacer afirmaciones categóricas en cuanto a lo que Dios quiso que hiciéramos en el pasado. Así sucede muy a menudo.

En 1638, Anne Hutchinson fue expulsada de Massachussets por razones religiosas. Cuando, cinco años más tarde, los indios la asesinaron, muchos vieron en ello la prueba divina de que habían hecho bien en desterrarla.

A veces, cuando los acontecimientos no suceden en la forma que esperamos, hacemos el siguiente comentario: "Bueno, lo que queríamos no nos convenía"; o quizá: "Está visto que no tenía que ser". Lo que se implica con ello es que habíamos deseado algo equivocado.

En muchos casos, ciertos cristianos bien intencionados utilizan algunos acontecimientos que han resultado según sus deseos para afirmar, con gran seguridad, que los mismos demuestran que Dios los cuida y dirige sus decisiones. Esta forma de razonar es peligrosa. La perspectiva del hombre es tan corta en el tiempo que muy bien podría resultar que esas supuestas "bendiciones" providenciales no fueran tales después de todo, sino más bien maldiciones. Pero también podría ser que dichos acontecimientos fueran realmente prueba de las bendiciones espléndidas de Dios. La cuestión es que no lo sabemos con certeza. Dios no nos lo ha dicho. Es imposible, basándonos en acontecimientos pasados, decidir de manera infalible si Dios aprueba o desaprueba nuestras acciones.

En una exposición muy penetrante del problema, Berkouwer señala que todos los acontecimientos —desde los más insignificantes hasta los más importantes— están en la providencia de Dios, en las manos de Dios. Escoger un fragmento de esa providencia —dice—, ya sea de importancia o no a nuestro parecer, y tomarlo como indicación de que Dios nos dirige equivaldría a "fragmentar la historia" y a "canonizar" una porción de la providencia divina; es decir, a elevar un fragmento de dicha providencia al nivel de la Escritura. Esto supondría una distinción ilegítima entre la mano de Dios en toda la providencia y el dedo rector de Dios en un fragmento de la misma. A no ser que la Biblia indique el significado de la historia, sería arbitrario y subjetivo aislar una porción de todas las intervenciones divinas y, basándonos en ella, decir que conocemos la dirección de Dios. El derramamiento de la sangre de los galileos mezclada con los sacrificios o el derrumbe espectacular de la torre de Siloé sobre dieciocho hombres (Lc. 13), o el nacimiento de un niño ciego (Jn. 9) podrían parecer que indicaban desagrado de parte de Dios; pero Jesús nos advierte de que una interpretación así no constituye un análisis correcto de estos sucesos. Cuando la Palabra de Dios interpreta la historia, como en el caso de la muerte de Herodes (Hch. 12), o la invasión de Israel para su castigo (Hab.), o las señales de los tiempos, entonces y solo entonces poseemos una interpretación infalible de estos acontecimientos. Pero, aparte de esto, como mortales aún parcialmente cegados por el pecado, solo podemos seleccionar en forma arbitraria y subjetiva ciertos fragmentos de toda la providencia de Dios y, en consecuencia, los interpretaremos de manera inadecuada.

Los marineros que navegaban con Jonás razonaron en forma correcta cuando juzgaron que la tempestad que los azotaba se debía a la ira de Dios contra el Profeta; pero los malteses interpretaron un desastre semejante en forma incorrecta, al pensar que el naufragio de Pablo y la señal de la mordedura de la serpiente venenosa significaban que el Apóstol era un homicida (Hch. 28). Algunos interpretarán la caída de Roma como prueba evidente de la inmoralidad del paganismo (Agustín); otros pensarán que el mismo acontecimiento es una indicación clara de que los cristianos habían pecado (Salviano, siglo V); otros aún escogerán ciertos acontecimientos sorprendentes y al parecer favorables como señal de que hicieron lo que Dios quería, pero pasarán por alto aquellos sucesos menos notorios y aparentemente desfavorables, y afirmarán que tales acontecimientos no tienen importancia para la interpretación de la voluntad de Dios para sus vidas. Escoger un acontecimiento y no otro, en esta forma, sin directrices bíblicas, es una decisión arbitraria y subjetiva que no se basa en ninguna norma objetiva que nos diga qué significa un suceso providencial determinado. Porque la adversidad es a veces señal del amor de Dios (He. 12:5-13) y no una puerta cerrada, y lo que en ocasiones parece favorable quizá sea perjudicial para el bienestar del cristiano dentro de 5 o 50 años. Dios hace que todas las cosas —tanto la adversidad como la prosperidad— contribuyan juntas al bien del cristiano; por consiguiente, no teniendo una interpretación infalible de la providencia por la Palabra de Dios, debemos mostrar cautela en seleccionar un fragmento de la providencia divina como indicativo de su voluntad, en tanto que pasamos por alto otros.

No queremos decir que Dios no guíe —en el sentido de gobernar— a su pueblo con circunstancias providenciales. Claro que lo hace. Tampoco queremos decir que para nuestras decisiones no debamos tomar en consideración los acontecimientos providenciales. Hemos de utilizar la inteligencia y el sentido común al analizar todos los factores de una situación, a fin de que la decisión sea sabia. Pero no es posible señalar ciertos acontecimientos providenciales y decir que estos nos muestran en forma indiscutible el curso de acción que deberíamos tomar o haber tomado: esto sería introducir una revelación nueva —ajena a la Biblia— con la que el Espíritu nos habría guiado. Y actualmente Dios no nos da revelaciones extrabíblicas. El Espíritu utiliza solamente la Biblia para dirigirnos de forma inequívoca. En otras palabras, no negamos la dirección (intervención) providencial, pero sí la posibilidad de un conocimiento infalible, por medio de circunstancias providenciales, de lo que Dios quiso que hiciéramos en el pasado o quiere que hagamos en el futuro.

C. Hasta ahora hemos mencionado solo el error de buscar dirección infalible en la providencia. Pero existe otra práctica igualmente popular y falaz. Algunos buscan la dirección de Dios no solo en las circunstancias, sino también mediante revelaciones especiales del Espíritu. Estudian la Palabra de Dios y luego se sientan en silencio a “escuchar”. Esperan que Dios les hable en esos momentos de silencio (su lema es: “Habla, Señor, que tu siervo te escucha”). Creen, al parecer, que de hecho el Espíritu les susurra al oído. Otros, sin embargo, molestos ante tal crasitud, piensan que el Espíritu les habla con impulsos o impresiones mentales. Entonces “conocen” la voluntad de Dios para ese día:

han recibido sus órdenes de marcha. Piensan quizá que el Espíritu les ha indicado cómo administrar sus asuntos personales, con quién hablar, qué carta escribir… A veces hablan con certeza absoluta de la "dirección del Señor": "El Señor me ha indicado que le hable hoy"; o "El Señor me ha dirigido para que asista a este estudio bíblico". Piensan que estas impresiones unidas a la dirección providencial les pueden revelar la voluntad de Dios para todas las situaciones. De hecho, un autor —F.B. Meyer— dice que "las circunstancias de nuestra vida diaria son para nosotros indicación *infalible* de la voluntad de Dios, cuando concurren con los impulsos íntimos del Espíritu y la Palabra de Dios".

A veces se recurre a la dirección especial y divina que encontramos tanto en el Antiguo como en el Nuevo Testamento, tal como la guía extraordinaria que Dios le proporcionó a Gedeón por medio del vellón, las directrices claras que el Espíritu le dio a Felipe diciéndole que hablara con el eunuco etíope, y la negativa del Espíritu Santo a que Pablo fuera a Bitinia.

Es discutible, sin embargo, que debamos esperar esta clase de dirección actualmente. En ciertos períodos de la Historia bíblica Dios hizo saber su voluntad por medio de revelaciones especiales, al igual que llevó a cabo milagros en determinadas épocas. Pero ya no vivimos en esos días de inspiración, revelaciones y milagros. El canon de la Escritura está cerrado y, aparte de la Biblia, no podemos hablar de "una indicación infalible de la voluntad de Dios", como alguien ha hecho ingenuamente. Hemos de tener suma cautela con afirmar en forma tan rápida y positiva que sabemos que "el Señor nos ha guiado" a tal o cual acción. Es posible que Dios regule de tal manera las circunstancias providenciales, y que el Espíritu ponga en nosotros tales sentimientos, impresiones, anhelos e impulsos, que nos sintamos impelidos a ir en cierta dirección. Pero estos fenómenos muy a menudo se utilizan mal, hasta el punto de que una persona puede pretender, en efecto, que ha recibido directrices especiales del Espíritu y está muy segura de que esa es la voluntad de Dios para ella. Estas afirmaciones deshonran la única norma infalible del Espíritu para la vida de los hombres: su Palabra. Como vimos en un capítulo anterior, la iluminación que el Espíritu Santo nos da es por analogía, no a modo de revelación añadida. No nos enseña verdades nuevas, sino que utiliza las verdades antiguas de la Biblia y, sirviéndose de estas, agudiza las facultades de percepción del hombre de manera que este pueda ver y entender mejor dichas verdades.

No solamente no es bíblico buscar "señales" y revelaciones especiales con la finalidad de tomar una decisión, sino que tal "dirección" —si se puede llamar así— en lugar de guiarnos nos puede extraviar. A veces utilizamos esa teoría de la dirección para ejecutar nuestros propios deseos bajo la pretensión de santidad. No siempre se hace con la intención de engañar, pero puede hacerse inconscientemente. Aun nosotros, los cristianos, que no hemos sido liberados del pecado en forma completa, tenemos propensión a justificar nuestras acciones. Nuestras impresiones y "corazonadas" divinas, a menudo, no son otra cosa que un fuerte deseo de llevar a cabo aquello que queremos hacer. Cuando una persona, por ejemplo, dice que "se siente guiada por el Señor" a casarse, este sentimiento puede no ser más que un deseo personal muy intenso de contraer matrimonio. Además, estas supuestas impresiones divinas, en lugar de ser obra de Dios, a veces tal vez sean obra del maligno, quien se aprovecha de nuestra inestabilidad psicológica. Además, buscando estas señales, el cristiano puede eludir un llamamiento claro al deber. Por ejemplo: Dios puede convencer a alguien de que tiene que ir al campo misionero y, sin embargo, la persona negarse a marchar a no ser que Él se lo confirme por medio de alguna señal especial, como el nombre del sitio escrito en letras de dos metros de altura. De esta forma, esas "señales" y "revelaciones" especiales pueden engañarnos y hasta perjudicarnos.

Muchos cristianos rehúyen las decisiones. Como desean una forma fácil de asegurarse de cuál es la voluntad de Dios, a menudo recurren a buscar la dirección divina por medios ilegítimos. Sin embargo, seguimos creyendo que los teólogos de Westminster discurrían en forma segura y bíblica cuando afirmaron que no se pueden añadir revelaciones a la Biblia, y que todo el consejo de Dios respecto a lo necesario para la vida, bien se encuentra expresamente establecido en la Escritura bien se puede deducir de ella como conclusiones necesarias y buenas.

CONCLUSIÓN

Para terminar, hay tres normas que deben seguirse en el momento de tomar decisiones. En primer lugar, hay que tratar de conocer *a fondo* la Guía de Dios, la Biblia, la cual está llena de instrucciones para la vida y ofrece dirección suficiente para toda decisión moral, ya que nos dice, en forma explícita o por medio de deducciones buenas y necesarias, qué curso de acción es moralmente bueno o malo. Si no conocemos bien esa Palabra, no cabe duda de que seguiremos perplejos en cuanto a nuestro deber en muchos casos; pero cuanto mayor sea nuestra familiaridad con *toda* la Biblia, tanto más clara será la dirección.

En segundo lugar, como estamos cegados por el pecado, debemos orar constantemente para que el Espíritu Santo nos ilumine y santifique cada vez más. Él, entonces, agudizará nuestra visión de los principios que ha dejado establecidos en la Escritura, nos capacitará para aplicarlos correctamente a situaciones concretas, y nos liberará de malos deseos que empañan la decisión adecuada. Si seguimos estas dos primeras reglas, descubriremos que tenemos en nuestras manos la dirección necesaria para llegar a decisiones acertadas cuantas veces debamos escoger entre el bien y el mal.

En aquellos casos en que se nos presenten dos o más alternativas moralmente buenas acerca de las cuales la Biblia ofrezca muy poca dirección —excepto en el sentido de que ambas son moralmente buenas—, no debemos buscar que la providencia nos señale nada en forma infalible, ni tampoco que el Espíritu Santo nos comunique de manera especial cuál de las dos es mejor para nosotros. Pero —y esta es la tercera regla— hemos de utilizar lo mejor que podamos todas las facultades con que Dios nos ha dotado: debemos investigar el problema, reunir toda la información posible, hablar con los que entienden del asunto y utilizar la inteligencia. La regeneración no destruye el intelecto, y Dios espera que utilicemos aquello que nos ha dado. No hay soluciones fáciles ni rápidas. No hay respuestas hechas. No existen libros ni personas que nos puedan decir lo que tenemos que hacer en una situación dada. La dirección en esos casos exige trabajo.

Cuando deseamos saber, por ejemplo, si debemos ir o no de paseo el sábado por la tarde, no hemos de "someter a prueba" a Dios, sino utilizar los informes meteorológicos más recientes. Si queremos saber si Él nos ha llamado a la India, no debemos depender de circunstancias arbitrarias —como la presencia de letras de dos metros de altura—, sino estudiar la necesidad de ese país, las puertas que se nos abren y nuestra propia capacidad. Si un joven desea saber si sería prudente casarse con cierta muchacha, no debe suponer que puede dar órdenes al Espíritu Santo en materia de la regeneración de ella, sino que debe estudiar todos los factores presentes con el poder de razonamiento que Dios le ha dado para tiempos como estos, además de seguir su inclinación personal. Si una iglesia desea saber qué terreno debe comprar para su nuevo edificio, no ha de pedir que Dios le dé una revelación especial, sino estudiar factores tales como la índole de la iglesia y de la comunidad, el costo de las propiedades y su capacidad para la obra de evangelización.

Al mismo tiempo se le debe pedir a Dios, con fervor y perseverancia, que dirija de muchas maneras todas las circunstancias de nuestra vida —las importantes y las que parecen insignificantes— y que agudice, por medio del Espíritu, nuestra capacidad de razonamiento, a fin de poder llegar a las decisiones que sirvan mejor al Reino y a nosotros mismo. Si somos hijos de Dios y no le estamos desagradando, descubriremos que una y otra vez Él nos ayuda a tomar la mejor decisión; si bien a veces no estaremos conscientes de que sea la mejor.

Esto no significa que en tales asuntos Dios vaya a dirigirnos indicándonos, por medio de una señal indiscutible en medio de situaciones providenciales, aquello que es nuestro deber. En absoluto: lo que quiere decir es que influirá en todas las circunstancias que rodean nuestra vida, de manera que lleguemos a decisiones sabias. El ministro, por ejemplo, jamás podrá decir con seguridad absoluta que Dios le indicó que permaneciera en su cargo actual, en vez de ir a otra ciudad. Él no es infalible, sino humano, pecador y está sujeto a equivocaciones. No tiene revelaciones especiales ni indicios providenciales que le digan, por encima de toda duda, que acertó con la decisión tomada. Pero puede sentirse razonablemente seguro de que, si no vive en pecado, ha utilizado todas sus facultades para llegar a una decisión correcta y, tanto él como la congregación pidieron sinceramente la dirección de Dios, el Espíritu Santo lo ha dirigido para tomar una decisión sabia.

Así, pues, no hay forma fácil e infalible de descubrir la voluntad divina para nuestras vidas. No hay respuestas claras. Pero consuela saber que si se siguen estas tres reglas —si se lee cuidadosamente la Guía del Espíritu, se ora y se utilizan al máximo todas las facultades— se descubrirá que Dios dirige todos los problemas de la vida. El Espíritu nos guiará, con su Palabra e iluminación, para que sepamos cómo escoger entre el bien y el mal; y, aunque en la elección entre dos bienes iguales no habrá señal que nos diga qué deberíamos hacer, podemos implorar a Dios que dirija nuestra vida de tal forma que lleguemos a la decisión más provechosa, tanto para su Reino como para nosotros mismos; y Dios nos guiará de esta manera.

Agradezcamos, pues, al Padre su dirección providencial y tratemos de no emplearla mal. Demos gracias al Espíritu por su papel activo en revelarnos la voluntad del mandato de Dios, en iluminar nuestra mente y en hacer que deseemos seguir su dirección. Honrémosle buscando cada vez más su guía y siguiéndole.

11

El Espíritu Santo y la filiación divina

La Biblia utiliza el término *Hijo de Dios* por lo menos en tres formas diferentes: aplica este título a Jesucristo, al hombre en general y al cristiano. En cada una de esas filiaciones, el Espíritu Santo desempeña un papel importante. En este capítulo se estudia cuál es ese papel en cada uno de los casos y por qué es importante para nosotros.

1. LA FILIACIÓN DE CRISTO

En relación con Jesucristo solo, hay cuatro formas diferentes en que la Biblia utiliza el título Hijo de Dios.

A. Filiación trinitaria. Cuando pensamos en Jesús como Hijo de Dios, pensamos ante todo en su divinidad: en que es el Hijo eterno de la primera persona de la Trinidad. Esta es la filiación que existe solo dentro de la Trinidad y que se refiere únicamente a su divinidad. El Espíritu Santo no tiene nada que ver con esta filiación, excepto en el sentido de que Él mismo procede tanto del Hijo como del Padre, como vimos en el capítulo 1.

B. Filiación mesiánica. El título Hijo de Dios, sin embargo, se aplica a Jesús en otras tres formas, y en estas si interviene de manera concreta el Espíritu Santo. Se llama a Jesús Hijo de Dios no solo por su relación eterna e intratrinitaria con el Padre —debido a su naturaleza divina—, sino también a causa de su papel mesiánico. Él fue el representante del Padre en la Tierra, subordinado a Él en su obra mesiánica: el Padre lo envió para que hiciera su voluntad y llevara a cabo una misión especial. Jesucristo no fue Mesías desde la eternidad; antes bien, recibió algo que no siempre había tenido. El Padre le dio un Reino en la Tierra con una labor que efectuar en el mismo. En virtud de esta relación mesiánica con el Padre, Jesús se llama Hijo de Dios. Él dijo a sus discípulos en la Última Cena, por ejemplo, que les asignaba un Reino "como mi Padre me lo asignó a mí" (Lc. 22:29). Y cuando el ángel Gabriel anunció a María que Jesús sería "Hijo del Altísimo", le explicó este título indicándole que "el Señor Dios le dará el trono de David su padre; y reinará sobre la casa de Jacob para siempre" (Lc. 1:33). Así, pues, en virtud de este papel mesiánico que el Padre le asignó, llegada la plenitud del tiempo, Jesús se llama Hijo de Dios.

Jesús fue equipado en una forma especial para esta filiación mesiánica. Se necesitaba poseer algo más que simplemente la naturaleza divina; su naturaleza humana tenía que recibir ayuda del Espíritu Santo. En su condición oficial de Mesías, necesitó la unción oficial del Espíritu y dependió de la misma. Esto lo recibió en el bautismo: cuando el Espíritu Santo descendió sobre Él en forma de paloma y el Padre, refiriéndose a su filiación mesiánica, habló desde el Cielo y dijo: "Este es mi Hijo amado, en quien tengo complacencia" (Mt. 3:17). Como vimos más detalladamente en el capítulo 6, esto que recibió del Espíritu Santo fue lo que pertrechó a Jesús para su ministerio público: para predicar y efectuar milagros. Jesús no entró en el ministerio mesiánico simplemente basándose en la fuerza de su naturaleza divina, sino que dependió de la unción del Espíritu Santo. En este sentido, pues, el Espíritu Santo resultó esencial para que Jesús fuera el Hijo mesiánico de Dios.

C. Filiación por nacimiento. Jesús es también Hijo de Dios debido a que, en su nacimiento sobrenatural, Dios fue el Padre de su naturaleza humana. Esto lo insinúa el ángel Gabriel cuando le dice a María: "El Espíritu Santo vendrá sobre ti, y el poder del Altísimo te cubrirá con su sombra; por lo cual también el Santo Ser que nacerá, será llamado Hijo de Dios" (Lc. 1:35). Hay una relación directa entre el hecho de que María fuera cubierta con la sombra del Espíritu Santo y que Jesús se llame Hijo de Dios. Por causa de esta sombra, debido al acto sobrenatural de la concepción por parte del Espíritu Santo, Jesús fue llamado Hijo de Dios. En este sentido de su nacimiento, por consiguiente, Cristo se puede llamar Hijo de Dios solo gracias a la actividad del Espíritu Santo.

D. Filiación ética. Hay otra forma en que Jesús, como Hijo de Dios, depende del Espíritu Santo: es Hijo de Dios en un sentido puramente religioso y moral, muy semejante a la filiación del cristiano. Esta filiación religiosa de Jesús aparecerá más clara si recordamos que Él no solo poseía naturaleza divina, sino también humana; que no solo era Dios omnipotente, sino verdadero hombre. Como ser verdaderamente humano, Jesús rindió culto al Padre y tuvo intimidad con Él; como Hijo religioso de Dios, instruyó a Pedro para que pagara el impuesto del templo tanto por Él como por sí mismo, aunque "los hijos están exentos" (Mt. 17:26). Al situarse en el mismo nivel que Pedro, tanto en el cumplimiento de esta disposición como en el llamar a Pedro y a sí mismo "hijos", mostró que era hijo de Dios en el mismo sentido que el Apóstol. Como Hijo en este sentido ético, religioso, vivió interna y externamente en una relación justa con el Padre: obedeció la ley ritual y moral, sirvió a su Padre, oró a Él, lo amó y tuvo intimidad con Él. Desde su más tierna infancia, hasta exhalar el último suspiro en la Cruz —cuando exclamó: "Padre, en tus manos encomiendo mi espíritu"— vivió en esta relación Hijo-Padre por lo que respecta a su naturaleza humana. En este sentido ético, religioso, a diferencia de sus filiaciones intratrinitaria, mesiánica y de nacimiento, Jesús fue Hijo de Dios. Lo fue de una manera semejante a como los cristianos son hijos de Dios, con excepción, desde luego, de que los cristianos son hijos adoptivos, y Él lo era por naturaleza.

En esta filiación ética, religiosa, Jesús también dependió del Espíritu Santo. Como vimos en un capítulo anterior, la gracia de Dios estaba con Él (Lc. 2:40) en la forma del Espíritu Santo, "Espíritu de sabiduría y de inteligencia, Espíritu de consejo y de poder, Espíritu de conocimiento y de temor de Jehová" (Is. 11:2). Como Hijo de Dios en su naturaleza humana, Jesús dependía de que el Espíritu Santo morara en Él para protegerle de pecado, hacerlo triunfar sobre las tentaciones y capacitarlo para hacer el bien.

Vemos, pues, cómo el Espíritu Santo es indispensable para las tres filiaciones diferentes de Jesucristo. Si no hubiera sido por el Espíritu Santo, Jesús no habría estado pertrechado para su filiación y su obra mesiánica. Tampoco habría nacido sobrenaturalmente, ni hubiera vivido en su naturaleza humana la vida de perfección que vivió y, en consecuencia, no habría sido el Salvador sin pecado, cuya vida humana de santidad puede considerarse como nuestra. Debido a la acción del Espíritu Santo en tres de las cuatro filiaciones de Jesucristo, contamos con un Salvador perfecto que llevó a cabo una expiación vicaria perfecta. ¡Alabemos al Espíritu Santo por Cristo el Hijo de Dios!

2. FILIACIÓN POR CREACIÓN

Una segunda clase de filiación divina que menciona la Biblia, es lo que se podría llamar filiación creativa; es decir, una filiación que se debe a la Creación. No se aplica a la filiación única de Cristo, ni a la filiación por gracia del cristiano, sino a la filiación de todos los hombres. A todos ellos —regenerados o no— se les llama hijos de Dios, porque Él los ha creado y son iguales a Él. Como nos dice Génesis 1, el hombre fue creado a imagen de Dios; es decir, es como Dios en cuanto ser espiritual que posee mente, voluntad y emociones. Por esto Pablo, en el discurso del Areópago cita con aprobación al pagano Arato, que dijo: "Porque linaje suyo somos"; es decir, hijos de Dios (Hch. 17:28). Por el contexto resulta obvio que quiso decir que todos los hombres son hijos de Dios, porque Dios los ha creado y son como Él en cuanto seres espirituales. En Hebreos 12:9, el autor llama a Dios "Padre de los espíritus". Esto no se refiere a la paternidad de Dios solo en cuanto a los creyentes, sino a su paternidad respecto a todos los que tienen vida y espíritu, aun aquellos que no son cristianos.

El Espíritu Santo también es necesario para esta filiación; porque, como hemos visto, Él es el responsable específico de la creación del alma del hombre. La tercera persona de la Trinidad, y no el Padre ni el Hijo, es quien dota a todos los hombres de su naturaleza espiritual, de forma que tengan vida, capacidad artística, gusto estético y dones intelectuales. Si el hombre se eleva a las alturas dramáticas de un Shakespeare, a los pensamientos filosóficos de un Aristóteles, a los logros artísticos de un Rubens, al genio musical de un Brahms, a la capacidad estadista de un Churchill, al simple amor de una madre por su hijo, a la capacidad de un muchacho para estudiar matemáticas o a la habilidad de una muchacha para hacer un vestido, entonces debemos alabar al Espíritu Santo. Porque estas son pruebas de la segunda clase de filiación y de la acción del Espíritu Santo al producirla.

3. LA FILIACIÓN DEL CRISTIANO

La filiación implica por lo menos dos cosas: primera, que debe haber un cierto parecido entre el hijo y el padre. Es obvio que, por el simple hecho de que un objeto haya sido creado por alguien, no quiere decir que sea hijo de esa persona. El automóvil no es hijo del fabricante de automóviles, sino producto suyo, porque no hay parecido básico entre los dos. Por la misma razón, la mesa no nace del ebanista, sino que este la fabrica.

Por otro lado, el potro —como hijo verdadero suyo— tiene los rasgos y las características del caballo, y no los de un tren o un león. Se engendra algo semejante a lo que se es. El padre humano engendra un hijo que es humano como él: al igual que el padre, el hijo también tiene alma y características corporales tales como dos orejas, diez dedos, pulmones y corazón. Así, pues, la filiación implica semejanza entre el padre y el hijo.

En segundo lugar, la filiación implica que el hijo cuenta con ciertos derechos filiales. Tiene derecho a un nombre, por ejemplo, y derechos de herencia.

Estas dos ideas relacionadas con la filiación están implícitas en el término bíblico *hijo de Dios*, tal como se aplica al cristiano. A veces la Biblia llama al creyente hijo de Dios porque muestra cierto parecido con Él; otras veces lo llama hijo de Dios porque tienen ciertos derechos que el auténtico Hijo de Dios, Jesucristo, también tiene. Examinemos, pues, ante todo, la filiación del cristiano en el primer sentido y veamos el papel que el Espíritu Santo desempeña en la misma. A esta se la puede llamar filiación por regeneración. Luego, consideremos la filiación del cristiano en el segundo sentido y veamos cuál es la función del Espíritu Santo en la misma. A esta se la llama filiación por adopción. Ambas se aplican a los cristianos, hijos de Dios.

A. Filiación por regeneración. Según la Biblia, el cristiano es como Dios. Hemos visto que esto se dice en el sentido de creación: en cuanto que el cristiano, al igual que el hombre natural, puede llamarse hijo de Dios porque se parece a Él como ser espiritual, racional, moral y emotivo. Esta operación moral del hombre se conoce como imagen natural de Dios: es una forma en la que todos los hombres, a diferencia de los animales, son como Dios.

Pero el cristiano también es semejante a Dios y, por tanto, hijo de Dios en otro sentido. Está hecho según Dios en conocimiento, justicia, y santidad (Col. 3:10; Ef. 4:24). Adán y Eva también fueron hechos originalmente a imagen de Dios; es decir, como Dios en este sentido. Dios no solo los creó según su imagen natural en cuanto agentes morales libres, sino que también los hizo a su imagen en cuanto que poseían excelencia moral; es decir, verdadero conocimiento, justicia y santidad. Debido a la Caída, sin embargo, el hombre perdió esta excelencia moral, aunque retuvo su actividad moral. Cuando el hombre se hace cristiano se renueva en su interior según la imagen de Dios, quien lo creó, la excelencia moral del conocimiento verdadero, de la justicia y de la santidad. En este segundo sentido, que es exclusivo del cristiano, se vuelve semejante a Dios y, por consiguiente, hijo de Dios.

Pablo nos dice que, como Dios predestinó al cristiano para que fuera conforme a la imagen de su Hijo (Ro. 8:29), los creyentes son "transformados de gloria en gloria en la misma imagen" (2 Co. 3:18). Esto quiere decir que como Jesús, el Hijo por naturaleza, es como el Padre, y el cristiano, hijo por regeneración, es como Jesús, el cristiano también es como el Padre. De hecho, el parecido que hay entre el cristiano y Dios es tan grande, especialmente cuando se compara con el estado natural de pecado del hombre, que Pedro, utilizando una metáfora, dice que los cristianos son "participantes de la naturaleza divina" (2 P. 1:4). Y luego desarrolla más esta semejanza al describir a los creyentes en Cristo como "habiendo huido de la corrupción que hay en el mundo a causa de la concupiscencia". Debido a esta semejanza, al cristiano se le llama hijo de Dios.

Juan alude a esta filiación por regeneración divina cuando llama a los cristianos hijos de Dios y, luego, relaciona este hecho con el que vayan a ser tan puros como Jesús cuando vuelva del Cielo (1 Jn. 3:2). En 1 Juan 5:18, el Apóstol también relaciona la pureza moral con la filiación del cristiano cuando escribe: "Sabemos que todo aquel que ha nacido de Dios, no practica el pecado, pues Aquel que fue engendrado por Dios le guarda, y el maligno no le toca".

Esta es la filiación de Dios en el sentido regenerativo. El hombre natural, que ya es hijo por creación, llega a ser una clase diferente de hijo por medio de una recreación: naciendo de nuevo, naciendo de Dios. En el nuevo nacimiento se convierte en santo en principio; recibe una naturaleza nueva. A causa de esto es como Dios, y debido a esta semejanza se puede decir que es hijo regenerado de Dios.

La relación que existe entre el Espíritu Santo y esta filiación regenerativa de Dios resulta obvia. Es el Espíritu quien la efectúa: nacemos de Él. Esto no quiere decir, desde luego, que el Espíritu sea nuestro Padre, porque no lo es. La Trinidad entera es nuestro padre en este sentido regenerativo, ya que somos hechos como toda la divinidad en nuestra santidad. Pero quien nos regenera y nos hace semejantes a la divinidad es especialmente la tercera persona (*cf.* Cap. 7 acerca de la regeneración). Jesús, en su conversación con Nicodemo, dice bien claramente que nacemos del Espíritu; por consiguiente, debemos dar gracias al Espíritu Santo por esta otra clase de filiación divina: no la de Cristo, ni la del hombre natural, sino una filiación que significa que participamos de la naturaleza divina: nos convertimos en hermanos de Jesús y somos como el Padre.

B. Filiación por adopción. Hay una segunda clase de filiación divina para el cristiano, y en ella el Espíritu Santo desempeña un papel importante: es la filiación por adopción. Este es un tema bíblico importante aunque a menudo olvidado. Como hijos de la Reforma, insistimos en el tema maravilloso de que somos justificados por fe; es decir, declarados justos ante los ojos de Dios porque Cristo ha ocupado nuestro lugar. Pero, con demasiada frecuencia, olvidamos la doctrina igualmente importante de la adopción divina.

Si bien como no regenerados podemos llamarnos hijos de Dios —porque hemos sido creados a su imagen—, también es cierto que se nos puede llamar hijos del Diablo debido a nuestro pecado y a las consecuencias del mismo. Por naturaleza estamos alienados y somos objeto de la ira de Dios. No experimentamos comunión con Él, ni conocemos su amor. Temblamos ante su presencia porque sabemos que somos pecadores y que Él es un Dios justo; no somos hijos de Dios en el sentido más elevado, en el espiritual.

Pero cuando nos hacemos cristianos no solo somos justificados en un sentido legal, de modo que nuestros pecados quedan eliminados, sino que somos adoptados como hijos de Dios. Esto no es lo mismo que la filiación regenerativa, por medio de la cual llegamos a ser como Dios en su santidad. La adopción difiere de la regeneración de la misma manera que la justificación difiere de la santificación: la santificación es algo que ocurre dentro del hombre, y que lo hace personalmente santo. La justificación es una transacción que ocurre fuera del hombre y que no cambia su naturaleza íntima. Es un acto legal, por medio del cual se declara que el cristiano está en una relación irreprochable con la Ley. De manera semejante, la regeneración es una acción que ocurre dentro del hombre al comienzo de su vida cristiana, y que lo hace íntima y personalmente hijo de Dios, mientras que, por el contrario, la adopción es un acto legal que sucede fuera del hombre, y por medio del cual se declara que un hijo del Diablo ha sido adoptado hijo de Dios. Esta es la diferencia que existe entre la filiación regenerativa y la filiación adoptiva de Dios. Cuando esta acción adoptiva ocurre, se producen cambios reales en la relación del cristiano para con Dios. No se trata de cambios ficticios, aparentes, como pretende la Iglesia Católica —la cual destaca solamente la filiación regeneradora dentro del hombre—: se efectúan cambios reales.

Ante todo, tiene lugar un cambio de nombre: de hijo del Diablo a hijo de Dios. También la herencia llega a ser diferente. Como hijo del Diablo, el hombre debe recibir según la ley divina la herencia a que tiene derecho, que es la condenación eterna. Como hijo de Dios, sin embargo, hereda la vida eterna con toda su gloria y su felicidad. Porque "somos hijos de Dios. Y si hijos, también herederos; herederos de Dios y coherederos con Cristo" (Ro. 8:16,17; Gá. 4:7). Además, el cristiano dispondrá de cuidado y protección: una protección que no será como la protección justa y dura de la policía que puede ofrecerle la ciudad, pero carente de amor y de misericordia, sino más bien como la protección y el cuidado que tiene el padre amante para con el hijo de 2 años. "Como el padre se compadece de los hijos, se compadece Jehová de los que le temen" (Sal. 103:13). El cristiano no temerá acudir a Dios porque es un Dios severo, trascendente y justo; al contrario, se acercará a Él con libertad exclamando "Padre" o "Papá", porque ese es el significado de la palabra aramea *Abba* en Romanos 8:15 y Gálatas 4:16. *Abba* es el término sencillo y diario que emplea un niño para dirigirse a su padre. Nos puede parecer irreverente, pero Pablo lo utilizó, no para indicar irreverencia sino para mostrar la nueva relación filial en que ha entrado el cristiano. Porque este ya no es "esclavo, sino hijo" (Gá. 4:7). El cristiano ya no tiene que temer a Dios, porque Dios lo ama y cuida de todas sus necesidades; como lo hace el padre humano con su hijo, solo que en una forma incomparablemente más maravillosa.

El tema que estamos tratando, sin embargo, no es la adopción, sino el papel del Espíritu Santo en la misma. Este papel es doble: primeramente, nos da testimonio de nuestra filiación adoptiva; y, en segundo lugar, garantiza su continuidad.

Es muy posible que una persona sea hija de Dios y, sin embargo, no lo sepa bien. Puede haber nacido de nuevo, haber alcanzado la purificación de sus pecados, ser verdadero hijo por adopción y, no obstante, tener dudas acerca de su filiación divina. Puede que ore diciendo: "Creo; ayuda mi incredulidad" (Mr 9:24). Pedro supone esta falta de certeza cuando escribe: "Tanto más procurad hacer firme vuestra vocación y elección" (2 P.

1:10); y Juan también creía que era posible que el cristiano no tuviera seguridad de su filiación adoptiva de Dios, porque al concluir su primera carta escribió: "Estas cosas os he escrito a vosotros que creéis en el nombre del Hijo de Dios, para que sepáis que tenéis vida eterna, y para que creáis en el nombre del Hijo de Dios" (1 Jn. 5:13). En otras palabras: si bien los lectores de Juan ya eran salvos e hijos de Dios (porque creían, según él mismo dice), sin embargo no sabían que lo fueran, carecían de seguridad de su salvación.

No es normal que al cristiano le falte seguridad, la cual forma parte esencial de la fe. Pero el hecho es que, a veces, esa seguridad —al igual que una semilla— no se ha desarrollado del todo. La persona puede ser un verdadero hijo de Dios, con derecho a los grandes privilegios de la filiación y, sin embargo, no caer en la cuenta de ello. En tal caso, no será plenamente feliz ni poseerá tranquilidad, porque no sabe lo que es en realidad.

Es ahí, precisamente, donde ayuda el Espíritu Santo. Porque el Espíritu Santo nos hace darnos cuenta de que somos hijos adoptivos de Dios. Sin mencionar en forma específica nuestra filiación, la Biblia nos dice en varios lugares que es el Espíritu quien nos da testimonio de las verdades en general: Jesús dijo que el Consolador daría testimonio de Él (Jn. 15:26; 16:13); Juan afirma también que "el Espíritu es el que da testimonio; porque el Espíritu es la verdad" y, por consiguiente, da testimonio a los cristianos de esa verdad.

Los textos más claros, sin embargo se encuentran en las cartas de Pablo, donde en forma específica se habla de este testimonio del Espíritu Santo en relación con nuestra filiación. En Gálatas 4:6, dice el Apóstol: "Dios envió a vuestros corazones el Espíritu de su Hijo, el cual clama: ¡Abba, Padre! Y Romanos 8:16,17 es el pasaje más explícito de todos, porque allí Pablo dice expresamente que "el Espíritu mismo da testimonio a nuestro espíritu, de que somos hijos de Dios. Y si hijos, también herederos; herederos de Dios y coherederos con Cristo". Cómo el Espíritu da testimonio dentro de nuestros espíritus no está muy claro. ¿Lo hace simplemente morando en nuestro corazón, iluminando nuestra mente? Esto sería testimonio a nuestro espíritu.

Pero Romanos 8:16 también se puede traducir como "el Espíritu mismo da testimonio *con* nuestro espíritu". En otras palabras, juntamente con su presencia santificadora dentro de nosotros y además de ella, el Espíritu Santo da testimonio con nuestro espíritu de que somos hijos de Dios.

En último término, sin embargo, no importa demasiado cuál de las dos interpretaciones se adopte. En ambos casos, ya sea que el Espíritu dé testimonio a nuestro espíritu o con nuestro espíritu, el resultado es el mismo: tomamos conciencia del hecho de que somos hijos de Dios. Al principio es posible que no estemos absolutamente seguros de nuestra filiación, como tampoco después de llevar ya algún tiempo en ese estado; pero el Espíritu Santo nos dará testimonio de una forma u otra del hecho de nuestra filiación, y nos producirá con ello un gozo y una consolación muy grandes. Luego llegaremos, poco a poco, a la posición de Pablo, cuya seguridad plena cuando dijo: "Yo sé a quién he creído, y estoy seguro que es poderoso para guardar mi depósito para aquel día" (2 Ti. 1:12); o cuando exclamó, al final de Romanos 8, que estaba persuadido de que *nada* "nos podrá separar del amor de Dios, que es en Cristo Jesús Señor nuestro". Tenemos paz con Dios, y el Espíritu Santo nos asegura que somos hijos adoptivos de Dios.

Este testimonio del Espíritu Santo es la primera forma en que Él participa en la filiación adoptiva del creyente. La segunda forma es cuando garantiza la continuidad de esa filiación.

Pablo ofrece a los efesios la feliz certeza de que, habiendo creído en Jesús, han sido "sellados con el Espíritu Santo de la promesa, que es las arras de nuestra herencia" (Ef. 1:13,14). La palabra *arras* se podría traducir de una manera más clara como *depósito*. Cuando alguien compra un automóvil, por ejemplo, puede dar una parte del costo total del automóvil al vendedor, con la promesa de pagar el resto más adelante. De la misma manera Dios nos da un depósito de la herencia que poseeremos como hijos de Dios. Este depósito es el Espíritu Santo que mora en nosotros, y con el mismo Dios nos garantiza que nos dará el resto de nuestra herencia más adelante. El Espíritu es la promesa de Dios de que, habiendo comenzado una buena obra dentro de nosotros, la continuará hasta el día de Jesucristo (*cf.* Fil. 1:6). El Espíritu Santo es la garantía que Dios ofrece de que una vez que somos hijos adoptivos, siempre seremos hijos suyos, sin que nada nos pueda apartar de su mano (Jn. 10:28). Y el depósito de Dios no es inseguro como el nuestro. A veces nosotros no podemos seguir pagando después de haber hecho el depósito inicial: nos hemos extendido demasiado en lo financiero. Pero no ocurre lo mismo en el caso de Dios: cuando Él otorga el depósito del Espíritu a nuestras vidas, garantiza con ello en forma absoluta que toda la herencia llegará a su debido tiempo.

De hecho, Pablo utiliza otra analogía además de las arras, cuando dice que los efesios fueron "sellados" con estas. El sello es un medio por el cual una persona dice que un objeto es suyo y también una forma de asegurarlo para que no se pierda. Así, pues, se solía cerrar las cartas con un sello de cera, de forma que no se pudieran leer las mismas sin romperlo. De igual manera, Pilato hizo que se sellara la piedra que cerraba el sepulcro de Jesús como medida de seguridad para que no pudieran robar el cuerpo de este; y en forma semejante, se sella al creyente en su filiación: se lo señala como perteneciente a Dios, y se lo protege contra de toda pérdida. El Espíritu Santo no solo es el pago inicial de Dios como garantía de una herencia futura, sino que Pablo dice que también actúa como sello con el cual se garantiza la seguridad del creyente.

Esta misma idea de que el Espíritu Santo garantiza la continuidad de la filiación del cristiano se halla en Romanos 8:23, donde Pablo emplea otra metáfora, la de la cosecha. El Apóstol dice que los romanos, los cuales poseen las primicias del Espíritu, están a la espera de su adopción; a saber, la redención de su cuerpo. Las primicias eran la primera cosecha que se recogía, y constituían la promesa de una cosecha posterior abundante. Así, pues, dice Pablo que los romanos tienen en sí mismos las primicias del Espíritu; es decir, al Espíritu Santo mismo. Como cuentan con el Espíritu —señala Pablo—, un día poseerán la adopción plena con toda la herencia que acompaña, incluyendo la redención del cuerpo. Porque así como las primicias de la cosecha son promesa de algo mejor, también la posesión inicial del Espíritu Santo lo es de cosas mucho más grandes que han de venir.

De estas siete maneras vemos la riqueza que encierra ese gran concepto bíblico de ser *hijo de Dios* y la necesidad del Espíritu en cada caso, excepto en la filiación intratrinitaria de Cristo. Sin el Espíritu Santo, Jesús no hubiera podido nacer sobrenaturalmente ni ser llamado Hijo de Dios en virtud de ese nacimiento. Tampoco hubiera vivido la vida moral y religiosa del Hijo de Dios, ni hubiese sido el Hijo mesiánico de Dios que obtuvo la salvación para todos nosotros.

En relación con el hombre, el Espíritu Santo estuvo activo en la filiación creativa a fin de dar a todos los seres humanos una semejanza personal con Dios en la Creación. Si el Espíritu Santo no hubiera establecido esta filiación, el hombre sería un simple animal, sin inteligencia ni imaginación.

En cuanto a la filiación regenerativa, los cristianos debemos dar gracias al Espíritu Santo porque Él es quien nos va cambiando según la imagen del Hijo, y también del Padre, de gloria en gloria; de forma que, en lenguaje metafórico, somos partícipes de la naturaleza divina.

Por último, debemos dar gracias al Espíritu por el testimonio constante que nos da de que somos hijos adoptivos de Dios y de que podemos acudir a nuestro Padre celestial y exclamar: "Abba, Padre", dándole a conocer todos nuestros anhelos y deseos. Y alegrémonos de que el Espíritu sea la garantía, el pago inicial, el sello y las primicias del legado espiritual completo que nos pertenece como hijos e hijas de Dios.

12

El Espíritu Santo y la oración

Uno de los aspectos más importantes de la vida del cristiano es la oración. La oración es la comunión del alma con Dios. Por medio de ella el cristiano adora a Dios, lo ama, lo alaba por sus perfecciones, le da gracias por sus misericordias, le confiesa sus propios pecados, le pide perdón, se entrega a su voluntad, y pide bendiciones providenciales y espirituales tanto para sí mismo como para los demás.

El Espíritu Santo es el manantial de esta vida de oración. Por ello, en este capítulo examinaremos de qué forma actúa en esta área de nuestra vida: comprenderlo nos ayudará a orar, a hacer nuestras oraciones más aceptables a Dios y, también, más poderosas.

No vamos a estudiar el tema de la oración en sí mismo. Sería útil explicar el poder de la oración, el cual es tan grande que María de Escocia llegó a decir que temía más las oraciones de John Knox que a los ejércitos de Inglaterra. Sería provechoso, también, presentar las normas bíblicas que son el requisito de la oración eficaz. Y sería útil estudiar las razones de la oración no respondida. Estas cuestiones, sin embargo, no son el objetivo directo de nuestro estudio. El tema del estudio es la relación del Espíritu Santo con la oración. Pero al examinar dicho tema trataremos, también en forma indirecta, de algunos de esos otros problemas.

1. ORACIÓN EN EL ESPÍRITU SANTO

Los discípulos de Jesús le pidieron en cierta ocasión: "Señor, enséñanos a orar". No sabían cómo hacerlo. Hoy día podríamos pedir lo mismo porque no es fácil saber orar. Una regla esencial de la oración, sin embargo —con muchas implicaciones— es que oremos "en el Espíritu". Esta expresión se encuentra por lo menos dos veces en la Biblia. Pablo dijo que los efesios deberían estar "orando en todo tiempo con toda oración y súplica en el Espíritu" (Ef. 6:18). Judas habla también de estar orando en el Espíritu Santo" (Jud. 20). En Zacarías encontramos esta misma idea —aunque no la expresión exacta— cuando el profeta, anticipando el día de Pentecostés, profetizó: "Derramaré sobre la casa de David, y sobre los moradores de Jerusalén, espíritu de gracia y de oración" (Zac. 12:10). Zacarías predijo el derramamiento del Espíritu (para usar la terminología pentecostal de Joel) sobre todos los cristianos en Pentecostés: llama al Espíritu Santo "Espíritu de gracia y de oración". Orar significa pedir y suplicar. La profecía, pues, predijo que Dios derramaría en Pentecostés el Espíritu de oración al derramar al Espíritu Santo. Decir que los cristianos poseen el Espíritu de oración en su vida equivale en esencia a decir que oran en el Espíritu. Así, pues, en efecto, esos tres pasajes hablan de la oración en el Espíritu Santo.

¿Pero qué significa orar "en el Espíritu Santo" y poseer el Espíritu de oración? Ante todo significa que, sin el Espíritu, la oración es imposible. Hay que advertir que aun la oración de los regenerados proviene del Espíritu Santo. Abandonados a sus propias inclinaciones pecaminosas, el hombre sin el Espíritu maldeciría a Dios y blasfemaría. Es obvio que, a menudo, no hace esto en forma abierta. Antes bien, un predicador modernista que niega a Cristo a veces puede elevar oraciones que parecen conmovedoras. Si ocurre así, es porque, aunque sin regenerarlo ni actuar en él de manera salvadora, el Espíritu Santo lo protege contra el pecado exterior y lo estimula a un bien externo tal como la oración. Así, pues, el Espíritu es necesario hasta en las oraciones de los no salvos.

Pero estas oraciones no son agradables a los ojos de Dios. No son sino expresiones pecaminosas del corazón no regenerado: no se ora para la gloria de Dios ni con fe. Claro que la oración del no cristiano es mejor que el blasfemar y maldecir; pero sin la fe en Jesucristo esa oración carece del motivo propio que la haría fundamentalmente agradable a Dios. Este tipo de oración no es la oración a que se refieren Judas y Pablo cuando utilizan la expresión "orando en el Espíritu".

Para orar en forma aceptable a Dios, y con poder, se debe orar "en el Espíritu"; es decir, debemos nacer de nuevo y experimentar la presencia de Dios en nosotros mismos. Sin el Espíritu Santo que mora en nosotros no se puede ofrecer a Dios ninguna oración que le complazca. Porque el hombre está muerto espiritualmente para todo lo bueno; no tiene vida espiritual en sí mismo. No le importa orar a Dios; no lo desea y, por ello, no ora.

Sin vida el cuerpo está inerte; sin la savia de vida no hay fruto; sin fuego no hay calor; y, de igual modo, sin el Espíritu Santo no puede haber oración cristiana.

Por otra parte, donde esté el Espíritu Santo habrá poder, vida, fruto y acción. Porque el Espíritu vivifica al alma muerta para con Dios, crea en dicha alma deseos nuevos de comunicarse con el Creador y hasta hace que no pueda dejar de orar a Dios. De hecho, se puede decir con exactitud que si la persona no ora, está espiritualmente muerta; no es cristiana. Porque la persona que está "en el Espíritu" tiene que orar; de la misma forma que la semilla colocada en terreno fértil y que está regada debe brotar. Si hay vida tiene que haber actividad, y donde está el Espíritu de oración se orará. Así, pues, lo primero que debe advertirse acerca de la oración "en el Espíritu" es que implica la presencia del Espíritu y, por consiguiente, el deseo de orar.

Al morar dentro del hombre, el Espíritu hará que este ore en la forma más aceptable para Dios: no debido a un don especial de oración, sino a causa de la influencia santificadora que produce consecuencias directas en la oración misma.

El Espíritu Santo, por ejemplo, abre los ojos del hombre para que vea en qué sentido debe orar. A causa del pecado, los ojos del hombre están cerrados a la Verdad en forma general: no puede ver bien. Esto es así, sobre todo, en cuanto a los temas de oración. Pablo dice que "qué hemos de pedir como conviene, no lo sabemos" (Ro. 8:26). Ante múltiples alternativas, no sabemos por cuál de ellas debemos orar: nos resulta difícil aplicar los principios bíblicos a las situaciones concretas de nuestra vida para saber qué deberíamos pedir. A veces ni siquiera entendemos los principios bíblicos mismos; ni tampoco aquellas cosas que Dios ha revelado claramente que debemos pedir. Para que nuestra oración sea fructífera, hemos de saber cómo orar según la voluntad divina; porque "esta es la confianza que tenemos en él, que si pedimos alguna cosa conforme a su voluntad, él nos oye" (1 Jn. 5:14). Ese es uno de los secretos del poder de la oración, y una de las funciones santificadoras del Espíritu de oración es enseñarnos por qué hemos orar a fin de que nuestra petición se conforme con la voluntad de Dios. El Espíritu lumina nuestra mente entenebrecida para que podamos ver los principios bíblicos y los sepamos aplicar correctamente a situaciones concretas.

Orar "en el Espíritu" también significa que el Espíritu nos da la fe para creer que Dios escuchará y contestará. Esto es igualmente esencial para la oración fructífera: ya que Dios no escucha la oración ritual si no se pone el corazón en ella. Él no oye las palabras cuando no se expresan con confianza, ni tampoco son eficaces las oraciones que nacen simplemente de la angustia o de un deseo intenso. Dios no escucha las oraciones de quienes acuden a Él desesperados y que, sin embargo, no creen de veras que vayan a recibir contestación. La oración eficaz debe ir acompañada de la creencia, no solo de que Dios puede responder, sino de que responderá. Esto es la fe: saber y confiar. Cuando oramos "en el Espíritu", el Espíritu de oración que mora en nosotros nos proporciona esa fe, de manera que nuestra oración se conforme a esta regla bíblica de la oración eficaz.

Otra consecuencia de estar "en el Espíritu" es que paulatinamente nos vamos liberando del pecado. Esto también resulta importante para la oración, porque como 1 Juan 3:22 dice: "Cualquier cosa que pidiéremos la recibiremos de él, porque guardamos sus mandamientos, y hacemos las cosas que son agradables delante de él". Isaías expresó: "Vuestras iniquidades han hecho división entre vosotros y vuestro Dios, y vuestros pecados han hecho ocultar de vosotros su rostro para no oír" (Is. 59:2). Nuestros pecados interrumpen la comunión con Dios e impiden que Él responda a nuestra oración. Cuando el Espíritu de oración entra en nuestra vida, nos purifica y nos capacita cada vez más para guardar los mandamientos de Dios. En consecuencia, el Espíritu ayuda al cristiano a cumplir también esta regla importante de la oración.

Resumiendo: poseer el Espíritu de súplica u orar en el Espíritu (ambas cosas son sinónimas) significa haber sido espiritualmente vivificado, de modo que se tenga el deseo y la capacidad de orar; estar iluminado para saber qué hay que pedir, a fin de que las peticiones que se hacen sean conformes con la voluntad de Dios; tener la confianza de que Dios responderá; y hallarse capacitado para guardar los mandamientos de Dios, requisito indispensable para que la oración reciba respuesta. Por consiguiente, ante todo, debemos orar en el Espíritu.

2. ORACIÓN POR EL ESPÍRITU SANTO

El Espíritu Santo no solo nos hace orar, sino que también ora por nosotros. No hay solamente oración *en* el Espíritu Santo, sino también oración *por* el Espíritu Santo. Encontramos esta verdad en Romanos 8:26,27.

En este pasaje Pablo nos habla de que es necesaria esa oración hecha por el Espíritu. Dice que estamos enfermos —es decir, débiles—, "pues qué hemos de pedir como conviene, no lo sabemos". El cristiano no conoce sus propias necesidades y, en consecuencia, no sabe lo que debe pedir.

El Espíritu Santo ayuda —como hemos visto— iluminando la mente, de forma que podamos pedir las cosas apropiadas. Pero hace más que eso: en cierto modo, también ora en lugar nuestro. Como dice el texto bíblico: "El Espíritu mismo intercede por nosotros".

Esta intercesión no ha de confundirse con la intercesión de Cristo. La intercesión de Cristo ocurre en el Cielo; la del Espíritu Santo sobre la Tierra. La de Cristo tiene lugar fuera de nuestro corazón; la del Espíritu, dentro del mismo.

Cristo intercede por nosotros en asuntos de los que podemos

muy bien tener conciencia; el Espíritu Santo, en cambio, lo hace en otros de que quizá no la tengamos.

Hay diferencia de opinión en cuanto a cómo debemos concebir esta intercesión. Algunos dicen que el Espíritu Santo simplemente mueve nuestra alma hacia deseos y anhelos que nunca adquieren forma clara porque son demasiado profundos. En otras palabras, ora a través de nosotros. Otros sugieren que el Espíritu que mora dentro de nosotros intercede por su cuenta, aparte de nosotros: intercede por nosotros, pero *no por medio nuestro*; si bien está en nosotros. En última instancia importa poco cuál de las dos interpretaciones escojamos, ya que el resultado es el mismo: el Espíritu Santo, de manera maravillosa, colma nuestra necesidad. Él ora a nuestro favor cuando nosotros mismos debiéramos de haber orado, pero no sabíamos cómo hacerlo.

¡Qué hecho tan consolador! A veces no estamos conscientes de los peligros que nos acechan, o no sabemos por cuál de dos opciones deberíamos orar. Quizá deseamos aceptar dos ocupaciones distintas. No sabemos si casarnos con una muchacha determinada o no. Dos programas de estudios universitarios pueden atraernos de la misma manera; pero uno y otro nos conducirían a vidas completamente diferentes. La elección entre escribir un libro cristiano o ser un anciano en la iglesia puede presentársenos. Entonces, ante estas cosas, "qué hemos de pedir [...] no lo sabemos". Sin embargo, el Espíritu Santo, conociendo exactamente cuál debe ser el propósito de nuestra oración, presenta a Dios la necesidad que tenemos.

La verdad maravillosa es que, siendo el Espíritu quien intercede, esa oración recibirá respuesta. Una razón de ello —insinúa Pablo— es que Dios Padre sabe que el Espíritu está orando, porque Él "escudriña los corazones" —desde donde el Espíritu Santo intercede, ya sea aparte de nosotros o por medio de nosotros— y, puesto que el Padre es uno con el Espíritu Santo, "sabe cuál es la intención del Espíritu".

Además, el Espíritu Santo ora según la voluntad de Dios, lo cual es siempre esencial para que la oración reciba respuesta, y una de las razones por que no la recibe es, a menudo, que se pide aquello que no debería pedirse: cosas que no se conforman a la voluntad de Dios. A veces pedimos egoístamente. En otras ocasiones lo hacemos con ignorancia: no sabemos cómo orar. En el caso del Espíritu, sin embargo, esto no es así. Él lo escudriña todo, hasta las profundidades de Dios (1 Co. 2:10). El Espíritu es una de las personas de la Trinidad y sabe lo que se conforma a la voluntad de Dios; en consecuencia —como dice expresamente nuestro texto—, "conforme a la voluntad de Dios intercede por los santos". El resultado es una oración que siempre recibe respuesta, porque se hace según la voluntad de Dios.

¡Qué bendición tan maravillosa es tener a la tercera persona de la Divinidad intercediendo eficazmente por nosotros en los asuntos importantes de la vida, según la voluntad del Padre! Esta es la oración *por* el Espíritu Santo.

3. ORACIÓN AL ESPÍRITU SANTO

Examinemos ahora la oración *al* Espíritu Santo. A veces nos preguntamos: ¿Es correcto orar al Espíritu Santo solo? Esta pregunta tiene relación íntima con el problema de a quién nos dirigimos en las oraciones. ¿Oramos al Padre —la primera persona de la Trinidad— o al Padre como Divinidad total, o a cada persona de la Trinidad por separado? ¿A quién tenemos presente cuando oramos?

En la Biblia hay poco que indique que cuando oramos al Padre lo estemos haciendo a la Divinidad entera. Antes bien, tenemos indicios que señalan a la primera persona de la Trinidad. El nombre de Padre es, después de todo, su título por excelencia; además, a veces, cuando Jesús habló del Padre de los creyentes a quien podemos acudir con fe y oración, indicó claramente que el Padre es la primera persona de la Trinidad. Por ejemplo, cuando expresó: "Nadie viene al Padre, sino por mí" (Jn. 14:6); se estaba excluyendo obviamente a sí mismo del término Padre. O cuando le dijo a María después de la resurrección: "Subo a mi Padre y a vuestro Padre" (Jn. 20:17), el paralelismo indica que el Padre de María era también el Padre de Jesús, y que no era otro que la primera persona de la Trinidad.

Adviértase también que, en su discurso de despedida, Jesús estimuló a los discípulos a orar en su nombre, pero a hacerlo al Padre (Jn. 15:16). Es significativo, asimismo, que Él no orara al Espíritu Santo para que descendiera en Pentecostés, sino que lo hiciera al Padre, a fin de que este enviara al Consolador (Jn. 14:16). Cuando añadimos a todo ello que Pablo oró casi exclusivamente al "Dios y Padre de nuestro Señor Jesucristo" —es decir, a la primera persona de la Trinidad—, sacamos la conclusión de que el dirigir la oración sobre todo a Dios Padre de nuestro Señor Jesucristo y Padre de todos los creyentes tiene un buen fundamento bíblico.

Hay ocasiones, sin embargo, en las que resulta correcto —y hasta deseable— orar a las personas de la Trinidad por separado. Ya que cada una de ellas tiene una relación especial con nosotros, y ha hecho cosas especiales por nosotros, deberíamos acudir a ellas individualmente.

Al Padre tendríamos que dirigirnos —sobre todo y a modo de ejemplo— cuando deseamos experimentar su amor, su cuidado y su protección paternal. A Cristo, cuando buscamos el perdón y la purificación del pecado; después de todo, fue Él quien murió para borrar la culpa y la mancha de dicho pecado.

En forma semejante, es provechoso orar al Espíritu Santo. Si alguien, por ejemplo, se siente afligido, debería acudir sobre todo al Espíritu —y no el Padre ni al Hijo— porque es Él quien, más que ningún otro, ha sido enviado para que fuera nuestro Consolador. La misión del Espíritu Santo es consolarnos. O si advertimos en nuestro interior una falta de santificación, nos conviene orar al Espíritu para que siga santificándonos; porque esta es una de sus tareas primordiales en la vida del creyente.

Podemos, pues, orar al Espíritu Santo por separado del mismo modo que podemos hacerlo a cada una de las otras dos personas de la Trinidad. Tenemos excelentes ejemplos de oraciones hechas al Espíritu Santo en numerosos himnos que se encuentran en la mayor parte de los himnarios.

4. ORACIÓN PARA EL ESPÍRITU SANTO

Finalmente, no solo debemos orar en el Espíritu, por el Espíritu y al Espíritu, sino también *para* el Espíritu.

Veíamos en capítulos anteriores lo variada que es la obra del

Espíritu, y aún no hemos terminado de estudiarla. Algunos han pensado que no es posible decir mucho más acerca del Espíritu Santo que aquello que se encuentra en la doxología. Hemos visto, por el contrario, que hay mucho más que decir acerca de Él: su acción es múltiple. Él ha hecho cosas maravillosas en el mundo objetivo —en la Creación, en la gracia común, en cada una de las dos Palabras de Dios—; pero también lleva a cabo obras prodigiosas en el terreno subjetivo: es Él quien nos regenera, hace su morada en nosotros, nos guía, nos da garantía de que somos hijos de Dios, sella nuestra herencia y constituye el manantial de nuestra vida de oración. Su obra es variada e importante para nosotros. No cabe duda de que podemos orar para que se nos conceda esa múltiple obra del Espíritu; de hecho, es nuestro deber hacerlo.

Recordemos que la oración es un poder que Dios nos otorga, por medio del cual podemos obtener más y más del Espíritu Santo. Si deseamos poseerlo en mayor medida (y si no lo recibimos más plenamente, este libro no habrá conseguido su propósito), podemos recibirlo yendo a Dios en oración y pidiéndoselo.

Si el pecado nos asedia constantemente, el Espíritu Santo es la fuerza dinámica que nos puede dar el triunfo. Si nos sentimos desorientados ante decisiones que debemos tomar, necesitamos al Espíritu. Si deseamos una mayor seguridad en cuanto a nuestra salvación, el Espíritu es quien puede proporcionárnosla.

Esto también es cierto en el caso de la oración: si nuestra vida de oración es monótona y aburrida, si es pesada, si sentimos que no estamos en contacto con Dios —como si nuestras oraciones no llegaran a Él—, si no sabemos cómo orar, si la oración no es un medio poderoso en nuestra vida, entonces, podemos acudir al Espíritu de oración mismo y pedirle que venga a nuestra vida en mayor plenitud para ayudarnos en esta debilidad. Si lo hacemos así, con fe y esperanza, Él vendrá a nosotros y revolucionará nuestra vida de oración. Porque Él es el secreto de la oración del mismo modo que lo es de la vida de santidad en su conjunto. Sin el Espíritu nada podemos hacer; pero con Él podemos ser transformados y vivir vidas que sean espiritualmente ricas, activas y gozosas.

Por consiguiente... ¡oremos! Oremos en el Espíritu, oremos al Espíritu, oremos para el Espíritu. Y el Espíritu Santo orará por nosotros.

13

El Espíritu Santo y la Iglesia

Después de estudiar, en primer lugar, la acción del Espíritu en el terreno objetivo, hemos examinado, con amplitud, su acción en el creyente individual. La Biblia va más allá de este enfoque atomístico, sin embargo: también revela una acción corporativa del Espíritu; es decir, una acción que se refiere a los creyentes tomados colectivamente. Nos dice aquello que hace el Espíritu, no solo en el creyente como individuo, sino en la Iglesia como un todo. Es más que una coincidencia que el Credo de los Apóstoles, después de confesar la creencia en el Espíritu Santo, confiese enseguida que hay una Iglesia santa, católica (universal) y la comunión de los santos. En este capítulo, por tanto, examinaremos el tema del Espíritu Santo y la Iglesia, y observaremos, en forma sucesiva, que el Espíritu establece, unifica, pertrecha, gobierna y guía a la Iglesia.

1. EL ESPÍRITU SANTO ESTABLECE A LA IGLESIA

Dios tiene una Iglesia sobre la Tierra compuesta por todos los verdaderos cristianos. Ningún hipócrita se encuentra en ella. Es un organismo espiritual del cual es miembro todo creyente verdadero, sea cual fuere su afiliación a organizaciones externas. Esta Iglesia es un cuerpo en el cual todos los miembros están vitalmente unidos, de manera que no viven solo por sí y para sí mismos —esto es, aparte de los demás—, sino que están unidos unos con otros mediante una conexión real.

Se entra a formar parte de esta Iglesia mediante Jesucristo: Él es la puerta; y nadie entra en la iglesia sino por esa puerta. Pero fuera de la puerta —por así decirlo— está el Espíritu Santo, quien en forma soberana se acerca a ciertos individuos y los conduce irresistiblemente hacia la puerta en cuestión y a través de ella, de manera que se conviertan en miembros de la Iglesia de Jesucristo. En otras palabras: el Espíritu Santo establece la iglesia de Cristo.

La naturaleza y el método de esta acción fundadora del Espíritu se ven claramente en la Biblia. Nos percatamos de que, a fin de entrar a formar parte de la Iglesia, uno debe nacer de nuevo por el Espíritu Santo, como se lo indicó Jesús a Nicodemo al decirle: "El que no naciere de agua y del Espíritu, no puede entrar en el reino de Dios" (Jn. 3:5). Todo miembro debe también confesar que Jesucristo es Señor, y esto solo puede hacerse con el poder del Espíritu. Pablo dijo que "nadie que hable por el Espíritu de Dios llama anatema a Jesús; y nadie puede llamar a Jesús Señor, sino por el Espíritu Santo" (1 Co. 12:3). En el mismo capítulo, el Apóstol afirma, de manera específica, que las personas se unen a la Iglesia por medio del Espíritu. Al comparar la Iglesia con un cuerpo, Pablo dice: "Porque por un solo Espíritu fuimos todos bautizados en un cuerpo, sean judíos a griegos, sean esclavos o libres; y a todos se nos dio a beber de un mismo Espíritu" (v. 13). El significado esencial de *bautizar* es *unir*. Así, pues, Pablo nos dice que quienesquiera que seamos, podemos pertenecer a la Iglesia invisible solo mediante el Espíritu Santo. Estos pasajes nos enseñan que es el Espíritu quien nos une a la Iglesia, de la cual Cristo es la cabeza.

El Espíritu Santo establece la Iglesia de Cristo por medio de la regeneración: del mismo modo que formó el cuerpo físico de Jesucristo en la encarnación, así también forma el cuerpo místico de Jesucristo; es decir, la Iglesia.

No se debería pensar, como hacen algunos, que el Espíritu haya fundado la Iglesia en Pentecostés y no estuviera activo en ella durante el tiempo del Antiguo Testamento. Esteban habló de la

Iglesia como ya existente aun en el desierto (Hch. 7:38). Pablo dijo que los efesios gentiles eran uno con Israel porque estaban en Cristo Jesús (Ef. 2:11-16), y al comentar de manera infalible Oseas 1 interpreta las alusiones del Profeta a los israelitas del Antiguo Testamento como si se aplicaran a los cristianos romanos (Ro. 9:24-26). Así, pues, la Iglesia es una tanto en el Antiguo como en el Nuevo Testamento, y siempre ha sido el Espíritu Santo quien ha introducido a los nuevos miembros en la Iglesia, ya fuera en la dispensación del Antiguo Testamento ya en la del Nuevo.

Como no hay hipócritas engañadores en el cuerpo místico de Cristo —es decir, en la Iglesia invisible de Jesús—, y como no hay salvación fuera de la Iglesia invisible, cada uno debería preguntarse si ha sido bautizado en el sentido espiritual por el Espíritu Santo a fin de entrar a formar parte del cuerpo de Cristo. Sin este bautismo no hay salvación.

2. EL ESPÍRITU SANTO UNIFICA A LA IGLESIA

El Espíritu Santo no solo establece la Iglesia invisible de Cristo al regenerar a los hombres e incorporarlos así al cuerpo de Cristo, sino que también unifica a la Iglesia. Y lo hace morando en cada uno de sus miembros: "¿No sabéis que sois templos de Dios, y que el Espíritu de Dios mora en vosotros?" (1 Co. 3:16); "¿O ignoráis que vuestro cuerpo es templo del Espíritu Santo, el cual está en vosotros, el cual tenéis de Dios?" (1 Co. 6:19). Por medio de este morar constante del Espíritu en ellos, los miembros de la Iglesia permanecen unidos a Jesucristo, su Cabeza. El Espíritu es siempre el mediador de la unión del creyente con Cristo; es decir, Cristo mora en el creyente por medio del Espíritu o a través de Él. Como dice Pablo: "Si alguno no tiene el Espíritu de Cristo, no es de él" (Ro. 8:9). Así, pues, porque el Espíritu mora en el creyente, también Jesús viene a morar en él. De esta forma, cada uno de los creyentes se convierte en miembro permanente de la Iglesia de Cristo y queda unido a la Iglesia invisible.

Los creyentes no solo mantienen una unión vital y mística con Cristo —la Cabeza— individualmente, sino que también guardan una verdadera relación entre sí. No son otros tantos individuos separados de los demás y sin conexión mutua; antes bien, aunque sean muchos y diferentes, están unidos por el Espíritu de tal forma que juntos se pueden comparar con un cuerpo, el cual se compone de muchos miembros y, sin embargo, forma una unidad. Por eso dice Pablo: "Porque así como el cuerpo es uno, y tiene muchos miembros, pero todos los miembros del cuerpo siendo muchos son un solo cuerpo, así también Cristo. Porque por un solo Espíritu fuimos todos bautizados en un cuerpo" (1 Co. 12:12,13). En Efesios, utilizando ese mismo ejemplo, el Apóstol exhorta a sus lectores a que sean "solícitos en guardar la unidad del Espíritu" (Ef. 4:3), y luego les dice que hay "un cuerpo, y un Espíritu".

En un capítulo anterior, Pablo utiliza otra metáfora para ejemplificar la unidad que el Espíritu Santo crea entre los miembros de la Iglesia, y compara a estos con materiales de construcción que se emplean para edificar un templo. Así como los ladrillos y las tablas —que por sí mismos no guardan relación mutua, sino que son entidades separadas y desconectadas— vienen a unirse para formar la unidad hermosa de un templo, así también las personas, quienes antes de que el Espíritu more en ellas no tenían unidad básica entre sí, se unen por la acción del Espíritu que mora en ellas para formar un hermoso templo: la iglesia invisible de Jesucristo. Utilizando las mismas palabras de Pablo, el grupo de creyentes "bien coordinado, va creciendo para ser un templo santo en el Señor; en quien vosotros también sois juntamente edificados para morada de Dios en el Espíritu" (Ef. 2:21,22). Es importante señalar que esta conexión que el Espíritu crea no es simplemente una unión de sentimientos. No se trata simplemente de amor por los otros miembros, aprecio de los mismos o agrado por sus características. Tampoco es una unidad mental, como la que se puede establecer hasta con un no creyente. Hay una unión mística con el Espíritu que mora en los creyentes, la cual evidentemente establece una conexión tan real entre los mismos que Pablo no la compara con un vago sentir intelectual, sino con la relación que las varias partes del cuerpo tienen entre sí. Jesús hasta comparó la unión de los creyentes con la unidad que existe en la Trinidad (Jn. 17:11).

Esta unidad básica de los creyentes que el Espíritu establece tiene una implicación de gran alcance para la Iglesia visible: a saber, que la unidad invisible y subyacente debería manifestarse en forma observable siempre que sea posible. A veces, por reacción contra el movimiento modernista que procura unir a todas las iglesias, la ortodoxia va al extremo opuesto, a saber, al movimiento de independencia. Si bien no sería bíblico que una denominación ortodoxa se uniera con otra modernista, los miembros de la Iglesia invisible de Jesucristo no deben, sin necesidad y buena justificación, dividir la Iglesia visible en denominaciones separadas. Al contrario, las denominaciones deben esforzarse por unirse, en tanto en cuanto el evangelio de Jesucristo no se vea comprometido. La unidad básica, espiritual y subyacente debe manifestarse en la Iglesia visible. Deberíamos estar "solícitos en guardar la unidad del Espíritu" (Ef. 4:3) y ser uno, como Cristo y el Padre son uno (Jn. 17:11).

3. EL ESPÍRITU SANTO PERTRECHA A LA IGLESIA

Si bien el Espíritu establece la unidad en la Iglesia, este hecho no significa que vaya a haber uniformidad. Puede haber diversidad en la unidad: como ocurre en una orquesta, compuesta de violines, cuernos franceses, clarinetes, oboes y timbales, pero que forma un todo combinado. "Ahora bien, hay diversidad de dones, pero el Espíritu es el mismo" (1 Co. 12:4). Los miembros son diferentes, pero hay un solo cuerpo.

En lugar de eliminar las características distintivas de cada miembro, el Espíritu Santo las establece. Esto es conforme al conjunto de su obra: al crear a los hombres, no los hace a todos iguales, como automóviles que salen de la línea de ensamblaje, sino que dota a las personas de dones variados, tanto físicos como intelectuales. En el Antiguo Testamento, también se ve que el Espíritu dio a ciertos hombres dones especiales y diversos. A algunos les concedió habilidades artísticas, a otros capacidad para gobernar y a otros el don de discernimiento. Otros aún recibieron sabiduría militar, valor o fortaleza física; y ni siquiera en el Cielo existirá la monotonía de la uniformidad, sino una riqueza variada.

De manera semejante, cuando el Espíritu Santo vino en Pentecostés a la Iglesia del Nuevo Testamento, dio dones diversos a los miembros de esa Iglesia. A algunos les comunicó aptitudes muy especiales, como el don de lenguas, el de profecía, el de milagros o el de sanidad. A otros el Espíritu les otorgó dones más ordinarios: aquellos que han permanecido a lo largo de la historia de la Iglesia. "Él mismo constituyó a unos, apóstoles; a otros, profetas; a otros, evangelistas; a otros, pastores y maestros" (Ef. 4:11). A otros les dio el don de fe, amor, hospitalidad, generosidad, sabiduría y otros innumerables talentos que se encuentran entre los creyentes actuales. De hecho, nadie en la Iglesia verdadera de Cristo se halla sin algún don. Porque "a cada uno le es dada la manifestación del Espíritu para provecho" (1 Co. 12:7).

El Espíritu dio estos dones para provecho y beneficio de la Iglesia como un todo, y no solo para que el individuo los utilice y disfrute de ellos. Así, Pablo señala que la nariz es muy útil si se emplea para el bien de los otros miembros del cuerpo, pero por sí misma de nada sirve. Y el valor del ojo se pierde a no ser que se utilice en cooperación con los pies, las manos y la cabeza (1 Co. 12). Las partes han de utilizarse para el todo.

Pablo lo afirma en forma bien destacada en varios lugares. En 1 Corintios 12, que trata en su totalidad de estos dones, escribe que "a cada uno le es dada la manifestación del Espíritu para provecho" (v. 7), es decir para el bien general de los demás miembros. Al hablar del don de lenguas, el Apóstol dijo que era mejor pronunciar cinco palabras con entendimiento que 10 000 que no se pudieran entender —la inferencia es que la Iglesia no aprovecharía de ello (1 Co. 12:19). El don de lenguas debería ser para edificación de la Iglesia. En Efesios, Pablo dice que la comunicación de dones tiene por objeto perfeccionar a los santos y edificar el cuerpo de Cristo (Ef. 4:12). Dichos dones se dan para ayudar a que los otros miembros se conviertan en hombres crecidos, y se desarrollen hasta alcanzar la estatura de la plenitud de Cristo.

El Espíritu pertrecha a la Iglesia de Cristo de esta forma: escoge, en forma soberana, a sus miembros de entre toda la raza humana y, luego, pertrecha a cada uno de ellos con talentos que sabe que serán beneficiosos para la Iglesia como un todo. A diferencia del presidente de un país, que solo puede escoger a sus ministros, el Espíritu Santo, en nombre de Jesús, no tiene únicamente la facultad de elegir a los miembros de la Iglesia sino también de dotarlos de los dones necesarios para desempeñar su misión. Esto lo hace en forma absolutamente soberana, no dependiendo de nosotros, sino distribuyendo "cada uno en particular como él quiere" (1 Co. 12:11).

La Iglesia es, pues, como un templo hecho de "piedras vivas' (1 P. 2:5) que se han escogido y modelado con cuidado. Por sí mismas, dichas piedras no son sino un montón informe, sin belleza alguna; pero una vez escogidas y preparadas para una tarea especial, encajan bien juntas para formar el templo santo de Dios.

Esta enseñanza significa que cada uno de los que están en la verdadera Iglesia de Jesucristo debe tener cuidado de utilizar sus dones en beneficio de la Iglesia. Todos y cada uno han sido dotados por el Espíritu con algún don para la edificación de los demás. Nadie puede decir: "Soy demasiado viejo o demasiado débil"; ni tampoco: "Soy demasiado joven o demasiado insignificante". Tal vez el suyo sea un don destacado o no tan evidente: quizá se trate del don de la amabilidad o de espíritu de servicio. Cada uno, sin embargo, posee un talento recibido del Espíritu y no puede esconderlo, sino que debe utilizarlo y desarrollarlo. Al cristiano se le pide que lo emplee, no para su propio bien, sino "para la edificación de la iglesia"; así el edificio "bien coordinado, va creciendo para ser un templo santo en el Señor".

4. EL ESPÍRITU SANTO GOBIERNA A LA IGLESIA

La Iglesia de Jesucristo tiene por lo menos dos aspectos: uno invisible y otro visible. Lo que se ha dicho acerca de la fundación, unificación y dotación de la Iglesia se aplica a cada uno de los verdaderos miembros de la Iglesia invisible. Pero esta Iglesia también se revela en organizaciones e instituciones visibles. Jesucristo, por medio de sus apóstoles, fundó la Iglesia como institución. A esa Iglesia le dio instrucciones respecto de su misión, forma de gobierno, cuidado de los pobres, miembros, disciplina, sacramentos y otros aspectos semejantes.

Actualmente Jesús, por medio del Espíritu Santo, gobierna a la Iglesia visible como organización en sus diversas actividades. En primer lugar, 1 Corintios 12:28, al igual que Romanos 12, nos indica que el Espíritu Santo proporciona liderazgo humano dando a algunos el don de ser apóstoles, a otros profetas, o maestros o dirigentes.

Además, en la historia de la Iglesia primitiva hay numerosos ejemplos de cómo el Espíritu Santo guía y dirige a la Iglesia. El Espíritu Santo le dijo a la Iglesia de Antioquía que ordenara a Pablo y Bernabé como misioneros (Hch. 13:2). A Pablo lo guió en sus viajes de evangelización, prohibiéndole, por ejemplo, ir a la provincia de Asia Menor, pero diciéndole en una visión que fuera a Macedonia (Hch. 16:6,7). Guió las decisiones del Concilio de Jerusalén (Hch. 15:28) y se dirigió a las siete iglesias de Asia Menor (Ap. 2,3). En muchos de estos casos, gobernó, no solo por medio de las Sagradas Escrituras, sino también por revelación especial, fenómeno que en la actualidad no poseemos. El Espíritu Santo no nos habla actualmente mediante visiones, palabras o cartas inspiradas. Sin embargo, estos ejemplos sí indican que el Espíritu dirigía y gobernaba esa Iglesia, y podemos muy bien esperar que suceda lo mismo hoy día, sin esas revelaciones especiales. Nos es posible esperar que el Espíritu, en la actualidad, mande a un determinado ministro a cierta iglesia, escoja a los diáconos y ancianos de una iglesia específica, en un momento dado, y gobierne a la Iglesia de otras formas.

Esta esperanza se confirma con el pasaje bien claro de Hechos 20:28, donde Pablo amonesta a los ancianos de Éfeso: "Mirad por vosotros, y por todo el rebaño en que el Espíritu Santo os ha puesto por obispos, para apacentar la iglesia del Señor". Si bien es cierto que Jesús es la Cabeza de la Iglesia, y que es Él quien escoge a los oficiales de esta, sin embargo, como indica el presente versículo, lo hace por medio del Espíritu Santo. Porque Pablo les dice: "El Espíritu Santo os ha puesto por obispos"; es decir, ancianos. Como es Él quien nombra a los ancianos, y como Cristo, por medio del Espíritu, es la Cabeza de todas las partes de la Iglesia, se puede suponer que el Espíritu también nombra a los ministros y diáconos.

Este hecho nos sirve tanto de consuelo como de amonestación. Nos vale de consuelo porque sabemos que a los oficiales de una iglesia que es fiel al Señor no los elige la congregación independientemente de Dios. Antes bien, el Espíritu Santo utiliza a dicha congregación para elegir a aquellos hombres que Él ha escogido. Es Él, y no la congregación, quien nombra y capacita a esos oficiales representantes de Cristo en su Iglesia como cuerpo organizado: "El Espíritu Santo os ha puesto por obispos". Resulta, pues, consolador saber que la Iglesia, en su forma visible y organizada, está gobernada por el Espíritu, y ello nos da garantía de que todo será para bien.

Sin embargo, Dios permite a los oficiales cierta libertad: estos pueden pecar y actuar en contra de la voluntad revelada de Dios. Es más que obvio que Dios no los obliga a no pecar en sus actividades de liderazgo; y debido a esta posibilidad de pecar, Pablo amonestó a los ancianos de Éfeso para que apacentaran la iglesia de Cristo. Y para refrendar su exhortación, el Apóstol les recordó que, si bien habían sido escogidos por hombres, sin embargo era el Espíritu Santo quien, en último término, los había constituido ancianos. Siendo esto así, su responsabilidad era mayor; porque no eran responsables en primer lugar ante la iglesia de Antioquía, sino ante el Espíritu Santo.

También actualmente resulta consolador saber que el Espíritu gobierna a la Iglesia, y por consiguiente que las puertas del Infierno no pueden prevalecer contra ella. Sin embargo, tanto la congregación como los oficiales deben recordar que, precisamente porque es el Espíritu quien la gobierna, la responsabilidad de ellos resulta tanto más seria.

5. EL ESPÍRITU SANTO GUÍA A LA IGLESIA

Una actividad del Espíritu Santo en relación con la Iglesia es guiarla y dirigirla hacia la Verdad. A la Iglesia de Cristo le habría sobrevenido una catástrofe si el Espíritu no la hubiese iluminado, permitiéndole tropezar en su ceguera nacida del pecado.

Pero no fue este el caso. Cristo prometió que el Espíritu de verdad guiaría a la Iglesia "a toda la verdad" (Jn. 16:13). Y esto es lo que ha sucedido de hecho. A lo largo de la historia de la

Iglesia el entendimiento de la Biblia se ha ido desarrollando paulatinamente, de manera que actualmente muchos miembros no eruditos de la Iglesia comprenden más que algunos de los estudiosos de la Iglesia primitiva. Porque bajo la dirección del Espíritu, se han llevado a cabo estudios teológicos profundos, discusiones prolongadas, y hasta controversias violentas —a veces durante siglos— acerca de un solo tema, tal como el de la persona y la naturaleza de Cristo. El resultado ha sido que, con la iluminación del Espíritu, la Iglesia ha llegado a aceptar como obvias, verdades de las que no habían tenido conciencia los miembros de la Iglesia en siglos anteriores.

Así, pues, el Espíritu condujo a la Iglesia primitiva a una comprensión mejor del hecho de la Trinidad. Pero esa Iglesia aún no fue capaz de captar en forma plena la doctrina de la persona y la naturaleza de Cristo. El Espíritu Santo la guió, pues, a lo largo de extensos períodos de controversias teológicas y, poco a poco, produjo una formulación cuidadosa de estas verdades en importantes concilios eclesiásticos. Pero aun entonces la Iglesia no comprendía cabalmente que la salvación era solo por gracia y no por obras nuestras. Bajo la influencia del Espíritu, algunos grandes hombres de Dios, tales como San Agustín, refutaron el error pelagiano del libre albedrío y ayudaron a la Iglesia a ver la verdad bíblica de la gracia soberana. Aunque la Iglesia había recorrido un largo camino, sin embargo, seguía siendo ignorante de otros hechos bíblicos importantes. Pero el Espíritu Santo, mediante el estudio y la controversia sostenida por los hombres, iluminó las mentes de estos de forma que paulatinamente la Iglesia de Jesucristo llegara a entender, de modo más pleno, las verdades históricas básicas que en la actualidad sostenemos, tales como la justificación por fe, la infalibilidad de la Biblia, la naturaleza de la Iglesia, el reto misionero, la escatología y hasta el tema de este libro: la doctrina del Espíritu Santo. Debido a nuestro pecado, sigue habiendo diferencias de opinión en cuanto a muchos puntos, pero subsiste el hecho de que en general el Espíritu Santo ha ido guiando a su Iglesia a la Verdad.

Debemos estar muy agradecidos al Espíritu por esta actividad rectora que desempeña. Y que nadie diga: "No necesito doctrina; la Biblia me basta". Esta clase de actitud revela una ignorancia crasa de la obra del Espíritu Santo. Porque el Espíritu ha estado actuando, no solo cuando personas insignificantes como nosotros leemos la Biblia, o cuando un predicador explica la Escritura en un sermón. Dios lleva miles de años concediendo el don del Espíritu a la Iglesia y, durante ese tiempo, ha hecho que mucha gente de distintas iglesias y de todos los países comprenda mejor la Biblia. El resultado es que, por medio de la dirección del Espíritu, se ha ido acumulando en la iglesia de Jesucristo un enorme tesoro de conocimientos, de manera que en la actualidad la Iglesia es incomparablemente más rica de lo que era en tiempos de Jesús. Hacer caso omiso de este conocimiento es despreciar al Espíritu de verdad. Por tanto, es responsabilidad de cada uno de nosotros llegar a conocer lo que el Espíritu nos ha dado a lo largo de los siglos. Debemos estudiar no solo la Biblia, sino también ese gran depósito de conocimientos que el Espíritu Santo ha ido acumulando a lo largo de los siglos para el bien de toda su Iglesia y no únicamente de unos cuantos cristianos de determinada época.

CONCLUSIÓN

Resumiendo: vemos la gran obra del Espíritu Santo no solo en el individuo, sino también en los individuos unidos en la Iglesia de Jesucristo. Bajo la dirección de Jesús, el Espíritu Santo establece, unifica, pertrecha, gobierna y dirige a la Iglesia. Este hecho nos produce seguridad y felicidad, porque el Espíritu Santo, siendo Dios, consigue ciertamente sus propósitos. El Diablo no puede prevalecer contra la Iglesia. Esta seguirá por los siglos siendo gobernada y dirigida por el Espíritu, de manera que sea exactamente el tipo de Iglesia que Jesucristo quiere que sea.

Al mismo tiempo, ello impone ciertas responsabilidades a todos nosotros. Cuando caemos en la cuenta de que es el Espíritu Santo quien establece a la Iglesia, entonces, hemos de preguntarnos: ¿Hemos nacido de nuevo, del Espíritu, para poder entrar en la Iglesia invisible de Jesucristo, fuera de la cual no hay salvación?

Ya que el Espíritu guía a los miembros de la Iglesia de Cristo a esa unión mística con Jesús y unos con otros, el procurar no perturbar esa unidad en la esfera visible es un deber que tenemos cada uno de nosotros. No debemos luchar y reñir entre los miembros de la misma Iglesia, antes bien, tendríamos que buscar la unidad organizativa con todos los verdaderos miembros de la Iglesia de Cristo, hasta con aquellos que no pertenecen a nuestra propia denominación, siempre que esto pueda conseguirse sin comprometer nuestros principios.

Como el Espíritu Santo pertrecha a cada uno de los miembros de la Iglesia de Cristo con dones o talentos, es imperativo para todo cristiano descubrir cuáles son los suyos y emplearlos para el desarrollo de la Iglesia.

Ya que los ancianos, diáconos y ministros de esta Iglesia visible están puestos por el Espíritu Santo, cada uno de ellos debe darse cuenta de la seriedad de su posición y tratar de esforzarse más para desempeñar bien sus deberes.

Finalmente, como el Espíritu ha guiado a su Iglesia desde los comienzos de esta, es necesario que cada uno de nosotros estudie la Biblia a la luz de esa vasta acumulación de conocimientos que el Espíritu ha dado a la misma.

Debido a la acción del Espíritu en la Iglesia, no solo hay para bendiciones para los miembros de esta sino también deberes solemnes. Que el Espíritu Santo nos guíe a cada uno en el cumplimiento de los mismos.

14

El Espíritu y sus símbolos

Los temas difíciles de entender a menudo se pueden explicar con ejemplos sencillos. Jesús se comparó a sí mismo con una puerta, un camino, un pedazo de pan y un vaso de agua. Comparó el Reino de Dios con una perla, una red, una cena, un árbol, una semilla y un tesoro escondido. Pablo ilustró su teología profunda con referencias a las estrellas, a los fundamentos de una casa, a las partes del cuerpo, a la luz y las tinieblas, al heno y a las joyas.

De este mismo modo, se pueden hacer más inteligibles a los hombres de estas tierras las verdades relacionadas con el Espíritu Santo. Él es un Espíritu invisible y un Dios incomprensible, y por estas razones es difícil definir tanto su persona como su obra. Pero Dios conoce nuestra debilidad y, por consiguiente, en su Palabra emplea símbolos: es decir, signos visibles de una realidad invisible. La Biblia compara al Espíritu Santo con el agua, el viento, el hálito, el fuego, el aceite, una paloma, un árbol, unas arras y un sello. Mediante el estudio de la utilización bíblica de estos símbolos, es posible llegar a una comprensión más madura de muchos aspectos de la obra del Espíritu de Dios.

1. AGUA

En muchos lugares la Biblia se asocia íntimamente al Espíritu Santo con el agua. El propósito es doble: en primer lugar, indicar que el Espíritu Santo limpia al cristiano espiritualmente; y, en segundo lugar, enseñar que Él es la fuente de vida.

Hasta los niños pueden entender ambas analogías. Conocemos muy bien la manera cómo los niños juegan en la calle y se ensucian. Voluntaria o involuntariamente, pueden llenarse de barro los pantalones, la cara y el pelo. Pero sabemos también que hay un remedio para la suciedad, y es el agua. El agua quita el barro de la ropa, la cara y el pelo; de manera que todo lo que estaba sucio queda reluciente: durante algún tiempo por lo menos.

Esta es la imagen que la Biblia utiliza para la acción regeneradora del Espíritu Santo: describe metafóricamente al hombre como sucio y contaminado a causa del pecado. Pero cuando el Espíritu viene a su vida, lo limpia de ese pecado; regenera su corazón y santifica su vida de manera que el pecado que lo contamina sea gradualmente derrotado y finalmente eliminado. En este sentido el hombre queda purificado y limpio de sus pecados, al igual que las manos y las ropas sucias del niño se limpian con el agua.

Por ello Jesús le dijo a Nicodemo que "e1 que no naciere de agua y del Espíritu, no puede entrar en el reino de Dios" (Jn. 3:5). No es fácil determinar el significado de la palabra agua en este caso. Puede ser símbolo directo del Espíritu o puede significar el bautismo, el cual se administra con agua. En este último caso, indicaría la purificación que el bautismo implica: la purificación de nuestros pecados por medio del Espíritu. En ambos casos el agua está íntimamente relacionada con el Espíritu, y lo que quiere decir Jesús es que a fin de entrar en el Reino de los cielos debemos nacer del Espíritu, el cual nos purifica del pecado al igual que el agua limpia la suciedad.

Esta misma idea se insinúa en el Salmo 51, cuando David ora diciendo: "Lávame, y seré más blanco que la nieve [...]. Crea en mí, oh Dios, un corazón limpio [...]. Renueva un espíritu recto dentro de mí [...]. No quites de mí tu santo Espíritu". Y Ezequiel emplea la misma metáfora al escribir: "Esparciré sobre vosotros agua limpia, y seréis limpiados de todas vuestras inmundicias; y de todos vuestros ídolos os limpiaré [...]. Y pondré dentro de vosotros mi Espíritu (Ez. 36:25-27). Y Pablo se refiere muy concretamente al poder purificador del Espíritu por medio de la regeneración cuando, escribiendo a Tito, le dice que Dios "nos salvó [...] por el lavamiento de la regeneración y por la renovación en el Espíritu Santo" (Tit. 3:5). El empleo paralelo del agua y el Espíritu en estos tres pasajes nos ilustra el poder purificante del Espíritu regenerador y santificador.

El agua no solamente es útil para limpiar la suciedad, sino que también resulta necesaria para la vida, tanto humana como animal o vegetal.

Un rico manantial proporciona agua en abundancia; de manera que hasta después de haberse sacado muchos cubos, aún continúa brotando. Cuando el agua alcanza la superficie fluye, se desliza y produce verdor y vida adondequiera que llega. De hecho, puede convertir un desierto muerto y estéril en un oasis, o las orillas del Nilo en zonas productivas; o dar lugar a la profusa vegetación del sur de California.

La Biblia describe al Espíritu y sus influencias basándose en este hecho fácilmente observable. Jesús dijo: "Si alguno tiene sed, venga a mí, y beba. El que cree en mí, como dice la Escritura, de su interior correrán ríos de agua viva. Esto dijo del Espíritu" (Jn. 7:37-39). Esto significa que el creyente tendrá una vida de santidad que será como un río de agua viva. Pero estos ríos de buenas obras tienen un manantial; a saber, el Espíritu Santo. Él es "una fuente de agua que salta para vida eterna", como Jesús dijo en otra oportunidad (Jn. 4:14). Cuando alguien cree en Jesús, el Espíritu Santo mora en su vida y le hace vivir una vida de santidad. El Espíritu actúa como fuente dentro del cristiano, y de ella brotan ríos de buenas obras que se dirigen hacia otros. El Espíritu Santo produce vida.

Este es también el significado de Isaías cuando cita a Dios diciendo: "Porque yo derramaré agua sobre el sequedal, y ríos sobre la tierra árida; mi Espíritu derramaré sobre tu generación, y mi bendición sobre tus renuevos; y brotarán entre hierba, como sauces junto a las riberas de las aguas" (Is. 44:3,4). Dondequiera que llegue el Espíritu, llega también la vida. Él es para el alma muerta lo que el agua para el terreno desértico: produce vida espiritual, al igual que el agua transmite vida física a la tierra sedienta y seca.

Así, pues, el agua describe una actividad doble del Espíritu: su acción purificadera y su poder dador de vida. Deberíamos preguntarnos si conocemos al Espíritu de Dios como agua. ¿Nos limpia Él de nuestros hábitos pecaminosos? ¿Es Él una fuente para nuestras almas, que hace brotar de nosotros ríos de santidad?

2. VIENTO

En su conversación con Nicodemo, Jesús compara al Espíritu no solo con el agua sino también con el viento: "E1 viento sopla de donde quiere —dice—, y oyes su sonido; mas ni sabes de donde viene, ni a donde va; así es todo aquel que es nacido del Espíritu" (Jn. 3:8).

El simbolismo está claro: ante todo, la forma en que opera el Espíritu en la regeneración es misteriosa, no se puede entender por completo. Tanto Él como sus operaciones son invisibles. Al igual que en el caso del viento, podemos ver los resultados, pero no la actividad misma que produce esos resultados. Un huracán azota una isla del Pacífico, mueve toneladas de agua que se convierten en olas gigantescas, la popa de los grandes barcos se salen del agua solo para caer de nuevo golpeándola con violencia, los árboles se doblegan y son arrancados de cuajo, los techos de las casas quedan destrozados… Las consecuencias de la tempestad son bien evidentes; pero nadie ha visto nunca el viento que las produce. Es invisible. Así sucede también con el Espíritu Santo, explicó Jesús: podemos ver los resultados de la acción del Espíritu —santidad, buenas obras y vidas poderosas—, pero no puede verse al Espíritu Santo mismo. Él es como el viento.

La recepción del Espíritu en Pentecostés ilustra este mismo punto. Es evidente que Él estuvo allí, porque los Apóstoles hablaron en lenguas y llevaron a cabo muchas señales y maravillas; pero nadie pudo ver al Espíritu. O mejor dicho, solo se observó un símbolo del mismo: "Un estruendo como de un viento recio" (Hch. 2:2). Dios utilizó el viento como emblema del Espíritu para indicar, entre otras cosas, su carácter invisible.

Un segundo significado del símbolo del viento es el poder. El huracán, el tifón y el tornado manifiestan una fuerza tremenda, aunque cualquier clase de viento tiene algo de poder. Lo mismo ocurre en el caso del Espíritu Santo: el hombre lucha tenazmente contra Dios, no quiere tener nada que ver con el Salvador, otros hombres no lo pueden persuadir con lógica o elocuencia, es necesario que el poder toque su vida. Y el Espíritu Santo tiene ese poder, lo mismo que el viento: cuando llega a la vida de un pecador, produce en él cambios radicales. Penetra en las entrañas más íntimas del pecador y, con una fuerza poderosa, eficaz e irresistible, ablanda su corazón endurecido y hace que llegue a Jesús con lágrimas. El Espíritu es tan poderoso como el huracán que empuja la embarcación; por eso su símbolo en Pentecostés fue como "estruendo como de un viento recio" (Hch. 2:2).

Este símbolo del Espíritu —el viento— también revela su soberanía completa. Los meteorólogos describen los vientos, les siguen la pista trazando su curso, miden su velocidad, averiguan su poder devastador y hasta predicen su ruta con una cierta precisión. Pero no los pueden controlar. No son capaces de detener el tornado ni de encauzarlo hacia el firmamento cuando se aproxima a una ciudad, ni tampoco desviar el huracán para que no azote a Puerto Rico, sino al mar, o aminorar la velocidad del tifón cuando se acerca a una isla de los Mares del Sur. El viento es absolutamente soberano, "sopla de donde quiere" (Jn. 3:8). Lo mismo pasa con el Espíritu Santo: regenera al que quiere y cuando quiere. Nadie puede controlar su actividad ni decretar adónde tiene que ir o lo que ha de hacer: Él es soberano.

El caer en la cuenta del significado de este símbolo del Espíritu debería producir en nosotros, los regenerados, un profundo agradecimiento a Dios por la acción misteriosa, poderosa y soberana del Espíritu en nuestra vida. Gracias a Él, el Espíritu triunfó sobre el persistente repudio a Cristo que anidaba en nuestro corazón.

3. HÁLITO

Íntimamente relacionado con el símbolo del viento está el símbolo del hálito, aplicado al Espíritu Santo. De hecho, tanto en griego como en hebreo la misma palabra se puede traducir de tres maneras distintas: como viento, como hálito y como Espíritu; lo cual demuestra la relación íntima que hay entre las tres.

Si el viento es un símbolo apropiado para el Espíritu de Dios debido a su carácter invisible, también el hálito lo es por la misma razón. Pero la palabra hálito tiene otra connotación: además de señalar la invisibilidad del Espíritu Santo es algo que procede de dentro de la persona e indica que hay vida en ella. Cuando una persona muere, a veces decimos: "Ha exhalado su último aliento. Está muerto". O como dice el Salmista de los animales: "Les quitas el hálito, dejan de ser, y vuelven al polvo" (Sal. 104:29). En este sentido, se emplea el aliento o hálito en la Biblia como símbolo del Espíritu, indicando que este es dador de vida.

La Biblia emplea este símbolo para mostrar que el Espíritu da vida en cuatro formas diferentes. Ante todo, da vida natural. En Génesis 2:7, aludiendo directamente al Espíritu, las Escrituras hablan de que Dios dio vida al hombre cuando "sopló en su nariz aliento de vida"; y en Job 33:4, Eliú dice: "El Espíritu de Dios me hizo, y el soplo del Omnipotente me dio vida".

Además de la vida natural, el Espíritu también confiere vida espiritual: con la regeneración vivifica espiritualmente a los que están muertos en pecados y transgresiones. También en esta actividad el símbolo del hálito se emplea para referirse al Espíritu. En la visión que Ezequiel tuvo de los huesos secos, no solo encontramos una profecía de la restauración de la vida política y nacional de Israel, sino también una alusión directa a la renovación espiritual de los individuos. Porque leemos: "Profetiza al Espíritu, profetiza, hijo de hombre, y di al Espíritu: Así ha dicho Jehová el Señor: Espíritu, ven de los cuatro vientos, y sopla sobre estos muertos, y vivirán. Y profeticé como me había mandado, y entró espíritu en ellos, y vivieron, y estuvieron sobre sus pies; un ejército grande en extremo" (Ez. 37:9, 10). Así, pues, el aliento o soplo señala al Espíritu que regenera las almas que estaban muertas para Dios.

Hay una tercera forma en que este símbolo del hálito describe la actividad del Espíritu dador de vida. Después de la resurrección, cuando Jesús apareció a los discípulos detrás de las puertas cerradas, "sopló, y les dijo: Recibid el Espíritu Santo"

(Jn. 20:22). Este soplo físico no dio el Espíritu Santo a los discípulos, sino que lo simbolizó. Considerando el contexto total, vemos que esta comunicación del Espíritu no tuvo un fin santificador —eso iba a ocurrir en Pentecostés, cuando los 3000 se convirtieron—, sino que fue para que los discípulos estuvieran pertrechados para desempeñar sus deberes oficiales como apóstoles: perdonar y retener pecados por medio de la predicación de la palabra y de la disciplina de la Iglesia (v. 23). Así pues, en este pasaje, el soplo simbolizó la comunicación del Espíritu para dar vida y poder al ministerio oficial de los discípulos, como dirigentes de la iglesia de Cristo.

Un cuarto sentido en que se utiliza el hálito para simbolizar la cualidad comunicadora de vida del Espíritu, tiene relación con la inspiración de la Biblia. En el texto clásico, para demostrar la inspiración de la Palabra de Dios, Pablo dice que "toda la Escritura es 'espirada' por Dios" (2 Ti. 3:16). "Espirada por Dios" sería la traducción exacta de la expresión griega que generalmente se traduce por "inspirada por Dios". Decir que las Escrituras son (inspiradas) espiradas por Dios, en lugar de mencionar simplemente que fueron hechas por Dios o creadas por Dios, es una alusión directa a la acción del Espíritu Santo en la inspiración; porque hasta como lo da a entender la etimología de la palabra inspirar (esto es "soplar en"), el Espíritu Santo "sopló o alentó" en los autores bíblicos, inspirándolos para que escribieran la Biblia sin error. Les dio vida, por así decirlo, para esta tarea especial. Actuó, como el soplo de Dios, produciendo las Escrituras divinamente inspiradas. Por consiguiente, en este cuarto sentido, el hálito es también un símbolo adecuado del Espíritu de Dios.

Así, pues, al pensar en el símbolo bíblico del hálito o soplo, recordemos no solo la actividad invisible del Espíritu Santo, sino también su actividad dadora de vida en la creación del hombre natural, en la recreación del hombre espiritual, en la comunicación de vida y poder para las tareas apostólicas oficiales, y en la inspiración de la Biblia. Y preguntémonos: "¿Experimento al Espíritu como hálito? ¿Conozco sus cualidades dadoras de vida en la regeneración? ¿He sido pertrechado para mis responsabilidades porque el soplo del Espíritu Santo ha venido sobre mí?"; esto último si soy oficial de la iglesia.

4. FUEGO

Todo el mundo entiende el símbolo del fuego. El fuego es poder: un poder que se ve cuando transforma un depósito de gasolina en un infierno llameante, cuando los árboles majestuosos se convierten en esqueletos ennegrecidos, cuando edificios enormes se derrumban, o cuando una cuadra entera de una ciudad queda arrasada. Se ve en las máquinas enormes que se mueven por el vapor que ha sido producido por el mismo. En lenguaje metafórico, hablamos de incendiar el mundo con una ideología. Todos se mueven impulsados por un cierto objetivo o propósito: están llenos de fuego. Así, pues, el fuego es poder.

Parece que el fuego se emplea como símbolo del Espíritu en este sentido. En Pentecostés, cuando el Espíritu Santo descendió, no solo vemos un símbolo en el "estruendo como de un viento recio que soplaba", sino también en la presencia de lenguas "como de fuego" que se asentaron sobre la cabeza de cada uno de los presentes (Hch. 2:3). Esto simbolizó el nuevo poder que había recibido la Iglesia ese día mediante el Espíritu, como Jesús lo había profetizado: "Recibiréis poder, cuando haya venido sobre vosotros el Espíritu Santo". Debido a ese poder del Espíritu, a que los discípulos se llenaron del fuego del Espíritu, se convirtieron en "testigos [de Cristo] en Jerusalén, en toda Judea, en Samaria, y hasta lo último de la tierra" (Hch. 1:8).

El fuego es también una fuerza purificadora. La Biblia emplea a menudo la metáfora de los metales que se acrisolan con el fuego. El mineral se coloca en el fuego de la refinería y, por medio de su calor intensísimo, se consumen las impurezas de manera que quede solo el metal de calidad más pura y refinada. De un modo semejante, el Espíritu Santo actúa como fuego, purificando del pecado la vida del creyente. Lo convence de pecado e inquieta su conciencia, de manera que los pecados viejos se consumen y, poco a poco, va surgiendo una especie más pura de santidad.

Muy bien podría ser este el significado de las lenguas de fuego que simbolizaron al Espíritu Santo en Pentecostés, y de la afirmación de Jesús: "Fuego vine a echar en la tierra" (Lc. 12:49); así como de la observación de Juan el Bautista, quien probablemente se refería a Pentecostés cuando dijo que él había bautizado solamente con agua, y añadió: "Pero el que viene tras mí [...] os bautizará en Espíritu Santo y fuego" (Mt. 3:11).

Haríamos bien en preguntarnos si hemos sido bautizados con el Espíritu de fuego. ¿Estamos llenos de energía para trabajar por el Reino? ¿Hemos recibido poder para llegar a ser testigos tanto en Jerusalén como en toda Judea y Samaria y hasta los últimos confines de la Tierra? ¿Experimentamos el poder del Espíritu como influencia purificadora que consume los pecados de nuestra vida? ¿Hemos conseguido el triunfo que solo se alcanza con el Espíritu de poder y purificación o vivimos en pecado? De no ser así, deberíamos acudir al Espíritu de fuego.

5. ACEITE

Un quinto símbolo del Espíritu Santo es el aceite. El simbolismo se debe deducir de varios pasajes del Antiguo Testamento que hablan de la unción, y también de la unción con aceite de Cristo y del cristiano en el Nuevo Testamento. En la época del Antiguo Testamento se solía ungir a los profetas, sacerdotes y reyes. Esto se hacía derramando aceite sobre la cabeza, y esta unción simbolizaba tanto el nombramiento que recibían como la comunicación del Espíritu para prepararlos para el mismo. Por consiguiente el aceite era símbolo del Espíritu de Dios.

Esta idea de la unción pasó del hebreo del Antiguo Testamento al griego del Nuevo Testamento y se encuentra en el nombre de Jesús: Cristo. Cristo significa Ungido. Así como los ungidos eran profetas, sacerdotes y reyes en el Antiguo Testamento, así también Jesús fue por excelencia el Profeta, el Sacerdote, y el Rey. Todos los ministerios del Antiguo Testamento convergieron en Él. Fue ungido en el bautismo para este ministerio triple cuando el Espíritu descendió sobre Él en forma de paloma. Inmediatamente después, comenzó el ministerio público y oficial de predicación y ejecución de milagros. En el primer sermón que pronunció citó Isaías 61, diciendo: "El Espíritu del Señor está sobre mí, por cuanto me ha ungido para dar buenas nuevas a los pobres" (Lc. 4:18). Así, pues, el Espíritu se compara con el aceite, y la unción simboliza la venida del Espíritu sobre Cristo para pertrecharlo como Hijo mesiánico de Dios en su triple responsabilidad.

Este mismo simbolismo se aplica al cristiano. La palabra misma cristiano se deriva del nombre Cristo, e indica que los cristianos son ungidos, al igual que Cristo es el Ungido. Y así sucede: el Espíritu Santo unge a los cristianos. Claro que esta no es la unción especial de los profetas o sacerdotes o reyes del Antiguo Testamento, ni es la unción única de Cristo; pero todo creyente es profeta, sacerdote y rey en un sentido general. Pedro lo indica cuando llama a los cristianos "real sacerdocio, nación santa" (1 P. 2:9). Juan hasta utiliza la palabra unción: "Pero vosotros tenéis la unción del Santo, y conocéis todas las cosas" (1 Jn. 2:20). Y Pablo escribe que Dios "nos confirma con vosotros en Cristo, y el que nos ungió, es Dios" (2 Co. 1:21).

Vemos, pues —hablando metafóricamente—, que el Espíritu Santo es el aceite de la unción: pertrechó a los que desempeñaban cargos en el Antiguo Testamento para cumplir con sus deberes, preparó a Cristo para su triple misión y unge a los cristianos actualmente, comunicándoles dones espirituales como profetas, sacerdotes y reyes que son. Los unge como profetas para que tengan la mente iluminada a fin de entender la Palabra de Dios, y puedan enseñar a los demás. Los unge como sacerdotes al santificarlos, de manera que puedan ofrecer sacrificios espirituales a Dios. Y el Espíritu de la unción los unge como reyes para que puedan reinar, como tales, sobre toda forma de pecado.

6. PALOMA

Los cuatro Evangelios describen al Espíritu Santo que desciende "como paloma" sobre Jesús en su bautismo. Un solo ejemplo más del Espíritu apareciéndose en forma de pájaro se encuentra en Génesis 1:2, donde leemos que se movía sobre la faz de las aguas. Esto sugiere la imagen del pájaro que se posa y se mueve sobre los huevos en el nido.

La Biblia no dice por qué el Espíritu descendió sobre Jesús en forma de paloma, y no en la forma de otro pájaro u objeto. Sabemos que la paloma es símbolo de pureza, dulzura, inocuidad y ternura. Jesús diría más tarde: "Yo os envío como ovejas en medio de lobos; sed, pues, prudentes como serpientes, y sencillos como palomas" (Mt. 10:16). Sabemos que Jesús fue la encarnación de la dulzura y la mansedumbre. Él dijo de sí mismo: "Soy manso y humilde de corazón" (Mt. 11:29). Pablo rogó a los corintios "por la mansedumbre y ternura de Cristo" (2 Co. 10:1). Toda su vida fue una vida de amabilidad, amor, preocupación por los demás y ausencia de asperezas.

Por consiguiente, ver al Espíritu descender como paloma sobre Él recordaría estas características. Actualmente nos recuerda que nadie debe tener miedo de acudir a Jesús, porque está lleno de amabilidad, gentileza y amor. Él invita a todos los que sufren y andan agobiados a que acudan a Él para encontrar descanso.

7. ÁRBOL FRUTAL

Si bien en una ocasión Jesús comparó al cristiano con un árbol frutal (Mt. 7:16 ss.), Gálatas 5:22 emplea la metáfora para describir al Espíritu Santo. Lo que Pablo dice es que "la carne" (v. 19), es decir la persona no regenerada, produce fornicación, inmundicia, lascivia y los demás pecados que se mencionan en los versículos 19-21; pero que, al igual que el árbol frutal produce frutos, así también el Espíritu Santo produce en el hombre virtudes como el amor, el gozo, la paz y la paciencia.

Si no tenemos ese fruto, ¡cuidado!, porque Jesús nos dijo en una parábola que en tal caso seríamos extirpados, ya que de nada valdríamos si somos estériles: "Córtala [la higuera]; ¿para qué inutiliza también la tierra?" (Lc. 13:7). Y en otro lugar expresó: "Todo pámpano que en mí no lleva fruto, lo quitará [...], y los recogen, y los echan en el fuego, y arden" (Jn. 15:2,6).

Se podrían mencionar otros símbolos del Espíritu, tales como el sello, las arras y las primicias de la cosecha. Pero, como ya hemos hablado de ellos en el capítulo 2, referimos al lector a lo que se dijo en ese lugar.

Que este lenguaje simbólico referente al Espíritu permanezca vivo en nuestra mente. Si queremos experimentar la purificación del pecado en nuestra vida, y también el crecimiento espiritual, debemos conocer al Espíritu simbolizado por el agua. Si deseamos entender algo del misterio, el poder y la soberanía de la acción del Espíritu en nuestra vida, entonces debemos pensar en el viento. Si queremos experimentar avivamiento espiritual, y si los oficiales de la iglesia quieren estar llenos de vida y preparados para sus deberes, deben entender el simbolismo del Espíritu como hálito. Para experimentar el poder y la purificación que proceden del Espíritu, pensemos en el fuego. Si deseamos estar pertrechados para la triple tarea del cristiano ungido, deberíamos meditar en el significado simbólico de la unción con aceite. Si buscamos un Salvador que esté lleno de amor, amabilidad y pureza, deberíamos pensar en el Espíritu descendiendo sobre Él en forma de paloma. Si queremos vivir una vida santa, hemos de contemplar el significado del Espíritu como árbol que produce fruto.

Dios nos ha dado símbolos en su Palabra a fin de que entendamos con mayor claridad la plenitud de la presencia del Espíritu en nuestra vida. Que esta comprensión más plena enriquezca nuestra vida espiritual.

15

El Espíritu Santo y el pecado imperdonable

Hay un pecado que Dios nunca perdonará. Todos los demás se pueden perdonar, por muy odiosos que sean o por muy frecuentemente que se hayan cometido. Si bien Dios es santo y justo, también es un Dios de amor. Él envió a su Hijo para que ocupara el lugar de los pecadores y argumenta con estos para que se arrepientan. La confianza del pecador reside en que Dios perdonará vez tras vez todos sus pecados —excepto uno— por causa de Cristo.

Se le puede perdonar al hombre cualquier pecado y blasfemia, pero la blasfemia contra el Espíritu no se le perdonará (Mt. 12:31). Si quien lee estas líneas comete este pecado, nunca se salvará, nunca tendrá una segunda oportunidad. Podrá leer la Biblia, escuchar la predicación del Evangelio, pero la entrada al Cielo quedará eternamente cerrada para él. Es demasiado tarde. Dios nunca le perdonará. Toda la Iglesia puede orar por él, pero de nada le servirá porque ha cometido un pecado de muerte (1 Jn. 5:16); de hecho, la Iglesia no debería ni siquiera orar por esa persona (1 Jn. 5:16). Según Jesús, "es reo de juicio eterno" (Mr. 3:29) y nunca encontrará el perdón. Por consiguiente, es importante que sepamos lo que dice la Biblia acerca de este pecado imperdonable, este pecado contra el Espíritu Santo.

1. LO QUE NO ES
A. Incredulidad final. A veces se afirma que el único pecado que Dios no perdona es la incredulidad en el momento de la muerte. Dios perdonará todos los demás pecados —se dice—, excepto la falta de no confiar en Cristo para obtener perdón.

Es cierto que no hay una segunda oportunidad después de la muerte; que si una persona muere sin creer, se pierde para siempre. En cierto sentido, el no llegar a creer también podría considerarse un pecado imperdonable. Pero lo que se suele llamar pecado imperdonable es un pecado que se comete antes de la muerte, quizá mucho antes. Cuando Jesús habló de este pecado —si bien no lo llamó "el pecado imperdonable"— se refería a los fariseos, que no estaban a punto de morir (Mt. 12:32; Mr. 3:29; Lc. 12:10). Cuando Hebreos 6:6 dice que es imposible volver a renovar a algunos para que se arrepientan, la implicación es que el pecado imperdonable no es un pecado que se comete en el lecho de muerte, sino un pecado que puede ocurrir mucho antes de ese tiempo.

B. Negación de Cristo. Algunos creen que si alguna persona a quien se le expone en una forma clara y poderosa el Evangelio rechaza el ofrecimiento de este, ha blasfemado contra el Espíritu Santo y no podrá salvarse.

Pero esto no es bíblico, como se puede ver por la conversión de personas que en otro tiempo habían negado a Cristo —tales como Pablo (Hch. 26:9; 1 Ti. 1:13), los hermanos de Cristo (Mr. 3:21; Jn. 7:5) y los sacerdotes judíos que se convirtieron con ocasión del martirio de Esteban (Hch. 6:7). Además, Pedro negó a Cristo tres veces y, sin embargo. Él lo perdonó después de la resurrección. Por otra parte, en el mismo discurso acerca del pecado que no se perdonará, Cristo dijo que "todo aquel que dijere alguna palabra contra el Hijo del Hombre le será perdonado" (Lc. 12:10). La blasfemia contra el Espíritu no es la duda de los creyentes, ni tampoco la acostumbrada negación razonada de Cristo y de Dios en general. El ateo no ha cometido necesariamente el pecado que no tiene perdón. Los que niegan a Cristo a veces acuden después a Él y reciben perdón. Las personas que han negado a Cristo en el pasado no deberían asustarse ante esa posibilidad, con tal de que miren realmente a Cristo para obtener la salvación.

C. Negación de la divinidad del Espíritu Santo. A primera vista Jesús, en Mateo 12:32 y Lucas 12:9,10, parece que pone sobre aviso contra de la negación de la divinidad del Espíritu Santo o contra del empleo profano, frívolo y ligero del nombre del Espíritu en los juramentos. Describe al pecado como "hablar contra" (Mt.) y "blasfemar" (Lc.) contra el Espíritu Santo. Si bien hablar así es pecado, sin embargo, como veremos por Hebreos 6:4-6, la negación de la divinidad del Espíritu y el empleo frívolo de su nombre no constituyen este pecado y pueden recibir perdón.

D. Contristar al Espíritu Santo. Es posible que los cristianos pequen contra lo mejor de su conocimiento. David entendía claramente el sexto y séptimo mandamientos y, sin embargo, causó la muerte de Urías y cometió adulterio con Betsabé. Pablo, a pesar de estar consciente de ello, hizo cosas que sabía que no debería haber hecho (Ro. 7). ¿Y qué cristiano no ha tenido pensamientos malos y hasta blasfemos que sabe que son malos y van en contra de sus mejores juicios? Pablo estaba poniendo sobre aviso acerca de este pecar consciente cuando amonestó a los efesios diciéndoles: "No contristéis al Espíritu Santo de Dios" (Ef. 4:30); y cuando pidió a los tesalonicenses: "No apaguéis al Espíritu" (1 Ts. 5:19). Este resistir[1] al Espíritu Santo —sugieren algunos— constituye la esencia del pecado imperdonable.

Sin embargo, si algunos cristianos han resistido al Espíritu de Dios no deberían temer que con ello hayan blasfemado necesariamente contra el Espíritu Santo y nunca vayan a llegar al Cielo. A pesar de haber entristecido al Espíritu, David era hijo de Dios; Pablo pudo exclamar más tarde, "Abba, Padre"; los efesios habían sido escogidos para la adopción (Ef. 1:5); y los tesalonicenses eran de los elegidos (1 Ts. 1:4). Estos santos que entristecieron al Espíritu no se perdieron para siempre. Es grave que el cristiano resista la obra del Espíritu Santo; sin embargo, sería falso y antibíblico sugerir que tal pecado fuera la esencia de la blasfemia contra el Espíritu Santo.

E. Caída de los ya salvados. Hebreos 6:4 afirma que los que

han cometido el pecado imperdonable "una vez fueron iluminados y gustaron del don celestial, y fueron hechos partícipes del Espíritu Santo". A primera vista podría parecer que el autor habla de los cristianos y que la naturaleza del pecado "de juicio eterno" (Mr. 3:29) sea una caída definitiva y completa. En otras palabras: algunos eran salvos, pero dejaron de creer, recayeron y no siguieron siendo cristianos.

Ya que ciertos creyentes han vivido sin experimentar una gran paz a causa del temor de haber cometido este pecado, es necesario afirmar enfáticamente que los cristianos no pueden blasfemar contra el Espíritu Santo. La gran verdad de la Biblia es: una vez salvo, salvo para siempre. Dios no es veleidoso, ni deja sin terminar lo que ha comenzado (la regeneración), y Pablo está "persuadido de esto, que el que comenzó en vosotros la buena obra, la perfeccionará hasta el día de Jesucristo" (Fil. 1:6).

En Juan 10:27-30, Jesús nos hace una de las afirmaciones más sólidas en el sentido de que los cristianos no se pueden perder. En primer lugar, expresa que Él da vida eterna a sus ovejas; es decir, a los que creen en Él. Si alguien tiene vida eterna no se puede perder. Si pudiera perderse, no tendría vida eterna, sino solo vida temporal. Entonces el texto diría: "Yo les doy vida temporal". Sin embargo, Jesús describe expresamente la vida del cristiano como eterna. En segundo lugar, dice que "no perecerán jamás". Esto contradice abiertamente a Hebreos 6:4-6, si este pasaje se interpreta en el sentido de que los cristianos pueden perecer. En tercer lugar, Jesús hace la afirmación general de que "nadie las arrebatará de mi mano". Nadie —ninguna tercera persona, el Diablo o el cristiano mismo— pueden hacer que un cordero de Cristo se pierda; la razón es que el Padre le ha dado las ovejas al Hijo, y el Padre es mayor que todos, por consiguiente "nadie las puede arrebatar de la mano de [su] Padre".

Debido al testimonio repetido de la Biblia en cuanto a la permanencia de la salvación, y a que la Biblia nunca se contradice a sí misma, es imposible interpretar Hebreos 6 en el sentido de que aquellos que ya eran salvos hayan perdido la salvación. Resulta importante subrayar que el pecado imperdonable no es la caída definitiva de los cristianos; el cristiano no puede cometer el pecado que no tiene perdón.

2. QUÉ ES

Si bien el blasfemo contra el Espíritu Santo no es cristiano, sí es alguien en quien el Espíritu ha estado actuando, aunque no en forma salvadora. Hebreos 6:4,5 nos da la descripción mejor del blasfemo y de su pecado. Lo describe de seis maneras:

A. Iluminado. El Nuevo Testamento emplea esta metáfora, de la misma manera que el hombre moderno, aplicándola al conocimiento. El hombre natural es ciego para las verdades espirituales, tiene el entendimiento entenebrecido y no puede comprender las cosas del Espíritu de Dios.[2] Dice la Biblia que, al nacer de nuevo, se le abren los ojos y se le ilumina la mente, de forma que adquiere un conocimiento básico de la Verdad. En el caso del pecado imperdonable, sin embargo, el hombre recibe iluminación sin experimentar la influencia regeneradora y salvadora del Espíritu Santo. Hebreos 10:26 dice que tal persona ha recibido el conocimiento de la Verdad.

La Biblia no describe en más detalle esta iluminación, pero resulta instructivo a este respecto lo que dice Jesús en cuanto a la blasfemia contra el Espíritu Santo. Jesús había estado efectuando grandes milagros en presencia de los fariseos: había curado a un hombre echando de él un demonio y haciéndole ver y hablar. La divinidad de Cristo era tan manifiestamente visible que "toda la gente estaba atónita y decía: ¿Será éste aquel Hijo de David?" (Mt. 12:23). Este conocimiento clave de Cristo formaba parte de la iluminación que habían recibido los fariseos que luego blasfemaron contra el Espíritu Santo.

Judas es otro ejemplo de esto: la presencia y las conversaciones de Jesús lo iluminaron y probablemente él experimentó, al igual que los otros discípulos, el poder del Espíritu Santo para efectuar milagros. Sin embargo, renunció abiertamente a su Señor. Probablemente Balaam también cometiera este pecado, al dejarse llevar por el odio hacia Dios; sin embargo había recibido iluminación, de manera que hasta profetizó en cuanto al futuro Mesías. Si el rey Saúl y Caifás son otros ejemplos de los que cometieron este pecado es digno de mención que ellos también recibieran la iluminación del Espíritu.

B. Gustó del don celestial. El don es la vida y obra de Cristo. No fue de la Tierra, sino celestial; es decir, fue de naturaleza divina y de origen celestial. Las personas culpables lo habían gustado en realidad. No solo habían oído acerca de Él, sino que lo habían visto por sí mismos, lo habían visto actuar y habían oído sus enseñanzas. No habían gustado de Cristo en una comunión genuina, pero sí en cuanto que habían tenido experiencias personales con Él. Este conocimiento de primera mano hizo más grave aún su pecado.

C. Partícipes del Espíritu Santo. Esto no puede significar que los culpables hayan sido morada del Espíritu Santo de manera que estuvieran místicamente unidos a Cristo, como lo están los pámpanos a la vid (Jn. 15), porque eso es así solo en el caso de los que son salvos y, como hemos visto, quienes han cometido el pecado imperdonable no son cristianos.

Probablemente esta participación se refiera a que habían tenido parte en la obra e influencia del Espíritu. El Espíritu Santo actuaba en formas milagrosas y proféticas aun por medio de los no creyentes. Los no regenerados como Balaam, Saúl y Judas son ejemplos de hombres en quienes el Espíritu actuó. Jesús también indicó que los no creyentes participan del Espíritu en este sentido, cuando profetizó que muchos dirán un día: "Señor, Señor, ¿no profetizamos en tu nombre, y en tu nombre echamos fuera demonios, y en tu nombre hicimos muchos milagros" (Mt. 7:22). Sin embargo, Él les dirá que nunca los conoció. También la iluminación intelectual, pero no salvadora, se puede considerar como parte de la participación del Espíritu Santo.

D. Gustó de la buena Palabra de Dios. La persona que comete el pecado imperdonable ha gustado la buena palabra de Dios. Lo vital en este caso es la palabra *buena*. El pensamiento en esencia consiste en que él ha visto que la Palabra de Dios —el Evangelio— es buena. El corazón se le ha caldeado ante la buena nueva de salvación. No se ha alimentado plenamente de ella, pero la ha gustado: su corazón se ha regocijado con ella. Es como la semilla que cayó en suelo rocoso: recibe la Palabra con ansia y con gozo, pero desmaya cuando llega la persecución (Mr. 4:16,17). Es como el Rey Herodes, quien escuchaba con gusto a Juan (Mr. 6:20) y, sin embargo, rechazó el mensaje de Cristo que él le daba. Percibe que este bueno, pero en realidad no se lo come.

E. Gustó los poderes del Siglo Venidero. La palabra poderes se emplea en Hebreos 2:4 en relación con los milagros y, posiblemente, este sea el significado en este caso. Entonces sería como una repetición de lo dicho anteriormente.

F. Recayó. A pesar de este conocimiento y esta experiencia tan lúcidos, los blasfemos renunciaron a Cristo. No con la duda usual ni con la incredulidad ordinaria; no a regañadientes y en contra de su propia voluntad como pecara Pablo (Ro. 7); no con tristeza o compunción como las que experimentó Pedro después de haber negado a Cristo; sino "voluntariamente" (He. 10:26), deliberadamente.

El ejemplo más claro de esta blasfemia es el repudio de Cristo por parte de los fariseos en las circunstancias ya mencionadas en los Evangelios. Los fariseos habían visto claramente a Dios Todopoderoso con sus propios ojos, lo habían oído y tocado. Lo vieron enseñar como ningún otro mortal. Lo habían visto hacer milagros muchas veces. En esta ocasión le contemplaron efectuando tres milagros en una sola persona: cuando le devolvió la vista, le dio el habla y arrojó de él a un espíritu demoníaco. Sin embargo, ellos se negaron a admitir que era Dios; por el contrario, llenos como estaban del veneno del odio, no solo negaron su divinidad, sino que lo acusaron de que había echado al demonio siendo Él mismo un demonio. Hicieron de Dios Satanás, y de Satanás Dios: fue una rebelión diabólica contra Dios.

Este pecado puede darse actualmente del mismo modo que ocurrió en la época bíblica. Si bien ya ha pasado la era de los milagros, es posible que el hombre moderno, iluminado por el Espíritu de Dios y habiendo gustado que la Palabra de Dios es buena, se rebele contra Cristo en forma abierta y descarada sin ningún remordimiento. Así ocurre sobre todo en el caso de aquellos que han sido educados en iglesias y hogares cristianos, donde han escuchado el Evangelio durante años en forma completa, clara y adecuada. Es posible que reciban el calor de la presentación clara del Evangelio y, luego, en forma voluntaria, maliciosa y abierta renuncien a Cristo por completo.

3. EL CASTIGO

Las consecuencias de esta blasfemia son trágicas. Esos pecadores jamás se pueden salvar. Nunca tendrán otra oportunidad para creer. "Es imposible [...] que [...] sean otra vez renovados para arrepentimiento" (He. 6:4,6), que el Espíritu Santo los ilumine o los mueva de nuevo. Ya que han visto, gustado y experimentado los dones celestiales, su condenación será mayor. Y "no les será perdonado, ni en este siglo ni en el venidero" (Mt. 12:32). Porque es "pecado de muerte", por el cual ninguna iglesia debería orar (1 Jn. 5:16). Es un pecado que "no tiene jamás perdón" (Mr. 3:29).

La palabra "imposible" de Hebreos 6:4 no quiere decir que el alma se haya endurecido demasiado para que el Espíritu Santo la toque. El Espíritu Santo es omnipotente y puede hacer lo que quiera: hasta convertir las piedras en hijos de Dios (Mt. 3:9). Pero es "imposible" porque Dios ya no quiere convertir su alma. Este es el castigo: que Dios abandona al pecador a sus propios pecados.

Este juicio se parece al mencionado en Romanos 1. Algunos —dice Pablo— conocieron claramente a Dios; sin embargo no lo glorificaron como Dios, ni le dieron gracias, sino que suprimieron este conocimiento, se volvieron vacíos y necios, y convirtieron la gloria del Dios incorruptible en la imagen de hombre corruptible, de pájaros y de animales (Ro. 1:18-23). El castigo que recibieron fue la ausencia de Dios de su corazón, el verse abandonados a sus propios deseos y pasiones, y el tener una mente reprobada (Ro. 1:24-32). Como el hombre está tan corrompido moralmente, abandonado a sus propios gustos se puede asegurar que nunca se convertirá. Esta es precisamente la clase de castigo que Dios depara a los que han blasfemado contra el Espíritu Santo.

Este castigo se puede comparar con la forma en que los campesinos tratan al suelo estéril. Si un pedazo de terreno, después de recibir mucha lluvia, no produce cosecha —sino solo espinos y malezas— se lo considera sin valor; bueno únicamente para ser consumido por el fuego. Así también, si alguien no produce ni fe ni buenas obras después de que ha sido bendecido con la presencia y la acción poderosa del Espíritu Santo, carece de valor, es repudiado y se le considera bueno solo para ser pasto del fuego en el Infierno (He. 6:7,8).

Si después de enterarse de este castigo "horrendo" (*cf.* He. 10:27), alguien tiembla de miedo al pensar que ha cometido ese pecado imperdonable y desea ser salvo, tenga la seguridad de que no está perdido para siempre. En primer lugar, si alguien le pide a Jesucristo que lo salve, puede tener la certeza absoluta de que Jesús lo aceptará; porque Él mismo dijo: "Al que a mí viene, no le echo fuera" (Jn. 6:37). Dios acogerá benignamente a todo aquel que se acerca a Él con fe, sin tener en cuenta lo odiosos que hayan podido ser sus pecados. Este es el gran mensaje de la Biblia.

En segundo lugar, la esencia misma del pecado imperdonable es que al pecador no le preocupa ser salvo. Odia a Cristo y lo último que puede importarle es si ha hecho algo malo o no. Dios ha abandonado a esa persona a sus propios deseos; los cuales, sin la influencia del Espíritu, lo alejan cada vez más de Dios en lugar de acercarlo a Él. El temor religioso no es posible en una persona así. Si alguien está temeroso en estos momentos, esa misma ansiedad es señal de la acción del Espíritu en su vida; porque sin el Espíritu nadie puede temer a Dios, ni preocuparse, ni desear la salvación.

Si bien algún lector quizá no haya cometido el pecado imperdonable, existe claramente la posibilidad de cometerlo en el futuro. Tampoco los hebreos habían cometido ese pecado. Por eso el autor dice, inmediatamente después de esta sección acerca de la blasfemia contra el Espíritu Santo, que estaba persuadido de cosas mejores en cuanto a ellos (He. 6:9). Pero, con todo, les envió por escrito una amonestación apremiante, porque existía el peligro de que cayeran en ese error tan grave.

Habían escuchado el Evangelio de salvación, pero no lo habían aplicado a su propia vida en la forma adecuada. Para el momento cuando se redactó la carta deberían haber sido ya maestros. Y, sin embargo, seguían sentados en las bancas y tenían que enseñárseles "los primeros rudimentos" de la Biblia. Solo podían beber leche, no masticar carne: aprendían con cansancio y lentitud. Por consiguiente, el autor los amonesta porque, si bien estaba persuadido de cosas mejores en cuanto a ellos, existía el peligro verdadero de que pudieran apostatar. Resultaba posible que algunos, habiendo escuchado el Evangelio con tanta claridad y hasta experimentado impulsos del Espíritu que les habían hecho gustar que la Palabra de Dios era buena, cayeran. De ocurrir esto, nunca podrían volver a Dios para ser salvos.

El remedio obvio para el que teme que pueda caer en un estado semejante es acudir inmediatamente a Cristo. Nunca se debería posponer tal acción, porque es parte de la naturaleza misma de este pecado que quienes ya saben lo que tienen que hacer pospongan la decisión hasta un momento más oportuno (Hch. 24:25). En lugar de posponer, el que tiene verdadera preocupación por no caer en el pecado imperdonable debería asegurarse de que busca al único Salvador, al Dios-hombre Jesús, para que lo salve. En segundo lugar, debería estudiar la Palabra de Dios de manera que progrese más allá de los primeros rudimentos de Cristo: la leche de la Palabra (He. 5:12; 6:1). El que no estudiaran y crecieran en la Palabra de Dios era la razón principal de la preocupación del autor respecto a los hebreos. Obviamente, el remedio principal para estos era dedicar más tiempo a las Escrituras. Lo cual significa para nosotros leer la Biblia a diario, emplear ayudas bíblicas tales como referencias y comentarios, asistir a la iglesia regularmente, aprender de memoria versículos, asistir a grupos de estudio bíblico, y conversar acerca de la Palabra. Cuando una persona acude a Cristo y estudia su Palabra, puede tener la seguridad de que es hijo de Dios, salvado por Jesús, y que nunca se perderá.

[1]Hechos 7:51 emplea la palabra "resistir" en relación con la pertinacia de los judíos.

[2]*Cf.* Capítulo 5, "El Espíritu Santo y la iluminación", p. 64

16

El Espíritu Santo y la responsabilidad humana

En el transcurso de los capítulos anteriores, hemos visto de cuán grande alcance son las obras del Espíritu Santo. El campo en el que el Espíritu actúa es amplio y variado. Resulta imposible limitar su actividad solo a la santificación. El propósito de este libro, sin embargo, no es el de satisfacer nuestra curiosidad respecto a hechos relativamente poco conocidos, sino más bien que, a través de un conocimiento más preciso del Espíritu, podamos llegar a esperar y experimentar más bendiciones de parte suya. Para estar más llenos del Espíritu debemos saber más acerca de Él y de su obra. Pero hemos de tener algo más que conocimiento: debemos hacer algo. En este capítulo veremos cuál es nuestra responsabilidad respecto al Espíritu Santo. Veamos primero el terreno en el que no hay responsabilidad humana y, luego, ese otro en el que sí la hay.

1. DONDE NO HAY RESPONSABILIDAD HUMANA

Si no estamos vigilantes, quizá nos imaginemos la regeneración como algo que el hombre controla, como una responsabilidad suya. Tal vez citemos la afirmación de Jesús: "Os es necesario nacer de nuevo" (Jn. 3:7); y luego exhortemos: "Para entrar en el Reino de los cielos hay que nacer del Espíritu. Procura, pues, cumplir los prerrequisitos necesarios de la convicción, el arrepentimiento, la conversión y la fe para que puedas ser regenerado. Está en tus manos, no lo pospongas, porque te es necesario nacer de nuevo".

El pensar así no sería bíblico: la Biblia considera a los hombres responsables por todas sus acciones, pero no por la acción del Espíritu en la regeneración. El hombre no regenerado, aunque está muerto en sus pecados y no puede hacer nada bueno en lo espiritual, sigue siendo responsable delante de Dios por su caída en Adán y los pecados consiguientes. No le es posible eludir la culpa echando la responsabilidad sobre Adán. Es culpa del hombre mismo el encontrarse en la situación moral en que está. El hombre regenerado también es responsable delante de Dios por todas sus acciones: tanto por sus pensamientos, como por sus palabras o sus obras. Pero nadie es responsable por la obra de la regeneración; ya que no se trata de algo que el hombre pueda hacer. Él no se engendra a sí mismo, sino que como le dijo Jesús a Nicodemo, el hombre nace de arriba, del Espíritu. La regeneración es una actividad exclusiva del Espíritu y en ella el hombre está completamente pasivo, como vimos más en detalle en el capítulo 7.

Tampoco se puede decir que el hombre sea responsable de poner en movimiento esa cadena de acontecimientos —a saber, la convicción, el arrepentimiento, la conversión y la fe en Cristo— que producirán la regeneración. Porque, como hemos visto, estos acontecimientos no preceden ni causan la fe; sino que, como en el caso de Lidia, la regeneración debe ocurrir de antemano para que los perdidos se arrepientan y crean.

Hay que advertir que no hay mandamiento alguno en la Biblia en el sentido de que el hombre deba nacer de nuevo o comenzar un determinado proceso conducente a la regeneración. Cuando Jesús le dice a Nicodemo: "Os es necesario nacer de nuevo", no le manda que lo haga. Antes bien, afirma simplemente una realidad: Nicodemo tiene necesidad del nuevo nacimiento si quiere entrar en el Reino de los cielos. Ha de nacer de agua y del Espíritu; es decir, tiene que ser purificado con el lavamiento de la regeneración a fin de poder entrar en dicho Reino. Jesús no le dice a Nicodemo que puede regenerarse a sí mismo o que debe hacer ciertas cosas para poder llegar a la regeneración. Por el contrario, insinúa bien claramente que la regeneración no está en absoluto bajo su control; antes bien, este nacimiento viene de arriba. Además —dice Jesús— el Espíritu que engendra es como el viento que sopla de donde quiere. Nadie lo controla ni lo dirige. Así como nadie puede cumplir con ciertos requisitos que hagan que el viento cambie de dirección, tampoco es nadie capaz, mediante el cumplimiento de ciertas condiciones, de forzar al Espíritu Santo a regenerar a alguien.

Se puede decir también que cualquier mandato que se diera al hombre respecto de la regeneración sería como tratar de exigir al niño, aún no nacido, que cumpliera con ciertos requisitos para poder nacer; o como pedir a Lázaro muerto que ejecutara ciertas acciones a fin de que Jesús pudiera resucitarlo.

Así, pues, como la regeneración es un acto que solo puede efectuar y efectúa el Espíritu Santo, y como la Biblia nos dice que el hombre no es capaz de cumplir con ciertas condiciones que obligarían al Espíritu a regenerar —ni tampoco tiene que hacerlo—, la conclusión ineludible es que el ser humano no es ni puede ser responsable por la regeneración, la cual está totalmente en manos de Dios.

Si bien la Biblia no hace al hombre responsable de la regeneración, sí que pone sobre sus espaldas, al cien por cien, la responsabilidad de creer. La Escritura no manda en ningún pasaje que el hombre se regenere; pero constantemente lo exhorta a que crea. La regeneración pertenece al Espíritu Santo, pero la fe le pertenece al hombre (si bien es el Espíritu quien lo capacita para creer). Este enfoque bíblico debe ser nuestra guía, tanto al dar testimonio como al predicar a los que no son salvos. Por una parte, debemos abstenernos de mandarles que nazcan de nuevo (eso no es responsabilidad suya); por otra parte, hemos de exhortarles en nombre del Rey, mandarles y suplicarles que crean: esa si es su responsabilidad.

Hace falta añadir aquí unas palabras de advertencia: no se debe distorsionar la enseñanza bíblica en cuanto a que el hombre no es responsable de su regeneración dando a entender que la Biblia enseña un sistema fatalista de salvación. Se podría razonar:

si el hombre no puede creer hasta que el Espíritu de Dios lo regenere, entonces no es obligación ni responsabilidad suya el creer. Pero este es un razonamiento humano. Nuestra responsabilidad consiste en ceñirnos a la revelación de la Escritura, aunque sus enseñanzas no armonicen con los razonamientos humanos. La sabiduría y el conocimiento de Dios son infinitamente superiores a los nuestros, y nos debemos someter a ellos aun cuando parezcan ir en contra de la lógica humana. Por consiguiente, si bien la Biblia enseña que la regeneración precede a la fe, y que la regeneración es una elección soberana de Dios y no la responsabilidad del hombre, sin embargo, por otro lado, la Biblia pone toda la responsabilidad de creer en el hombre. Si no cree, es solo culpa suya, y no de Dios. Si cree, toda la alabanza le pertenece a Dios y no al hombre. *Soli Deo gloria*: Solo a Dios sea la gloria.

2. DONDE SI HAY RESPONSABILIDAD HUMANA

La Biblia nos enseña que, después de la regeneración, el Espíritu vive en nosotros en una forma especial. Posee nuestra alma y nuestro cuerpo. Se dice que somos templo del Espíritu Santo. Hay una diferencia radical entre nosotros y los no cristianos.

Pero la Escritura también insinúa que la presencia del Espíritu puede darse en grados distintos. Él mora más plenamente en unos que en otros: puede haber una posesión mínima o una posesión sobreabundante. Los discípulos de Antioquía "estaban llenos de gozo y del Espíritu Santo" (Hch. 13:52). Pablo manda a los efesios —quienes ya poseían en su corazón al Espíritu y a Cristo— que se llenen del Espíritu y no de vino (Ef. 5:18). En vez de alegrarse con la embriaguez que degrada, debían alegrarse con el Espíritu Santo; entonces serían hombres "perfectos" (Ef. 4:13); "perfectos, enteramente preparados para toda buena obra" (2 Ti. 3:17).

Hay, pues, diferencia entre tener simplemente al Espíritu Santo y estar lleno del Espíritu Santo. Es posible poseer al Espíritu hasta el punto de que colme todas las facultades y, sin embargo, seguir recibiendo más de Él. Podemos contar con un nuevo principio de vida como el Espíritu Santo dentro de nosotros —el cual cambia todo nuestro ser— y, sin embargo, que Él que no haya tomado posesión de nosotros hasta el punto de llenarnos hasta rebosar. La muerte ha sido expulsada y la vida está presente, pero puede ser una vida enfermiza. Tal vez haya luz y, sin embargo, se trate solo de un amanecer, no del esplendor del mediodía. Así, también, podemos tener al Espíritu de forma que toda nuestra vida espiritual sea completamente diferente de nuestra antigua muerte espiritual y, sin embargo, no hasta el punto de que lo poseamos en toda su plenitud.

Como hemos visto en un capítulo anterior, el secreto de la vida santa está íntimamente ligado a esta presencia del Espíritu de Dios. Sin Él es imposible hacer nada bueno. Por el contrario, con la presencia del Espíritu podemos triunfar cada vez más sobre el poder del pecado en nuestra vida. Él nos da una fuente de poder que el hombre natural no posee: es la fuente que salta para vida eterna. Después de que alguien se haya hecho cristiano, la meta más elevada de su vida consiste en llenarse completamente del Espíritu Santo.

Habiendo visto un poco acerca de los diferentes grados en que el Espíritu puede morar en el cristiano, se suscita la pregunta: ¿Hay algo que podamos hacer para poseer una presencia plena del Espíritu y llegar a ser hombres de Dios, perfectos, completos, preparados para toda buena obra? ¿O debemos simplemente esperar que Dios tome la iniciativa? En otras palabras: ¿Es responsable el hombre de esta presencia más completa o no lo es?

Al tratar de responder a esta pregunta hay que evitar dos peligros latentes. Uno es la idea según la cual todo, hasta la presencia plena del Espíritu, ha sido predestinado por Dios, y el hombre no puede hacer nada por incrementar la presencia del Espíritu Santo; por consiguiente, tampoco tiene responsabilidad alguna en ese sentido. De modo que el hombre no debería siquiera esforzarse por obtener una presencia más plena del Espíritu, porque todo sucederá, se esfuerce o no se esfuerce en conseguirlo. Esta idea pasiva que enseña que el hombre no puede hacer nada y que lo deja todo en manos del Espíritu, no es bíblica.

El otro peligro latente que hay que evitar es el extremo opuesto: el punto de vista activista. Este enseña que Dios no tiene control último sobre el incremento de la presencia del Espíritu, sino que la responsabilidad completa descansa sobre el hombre. Este punto de vista sostiene que el hombre puede hacer fracasar el propósito del Espíritu resistiéndose al mismo. Por consiguiente, debe permitir que el Espíritu actúe o, de lo contrario, no hará nada. El hombre, y no Dios, es quien tiene en su mano las riendas. Tampoco este punto de vista es bíblico.

La solución bíblica no está, desde luego, en ninguno de estos dos extremos, sino en un punto medio. Y no queremos decir en un punto medio en el sentido de que el Espíritu haga la mitad de la obra y el hombre la otra mitad, algo así como el 50% cada uno. Antes bien, se trata de un punto medio en el que el Espíritu es completamente soberano y el hombre completamente responsable: una distribución del 100% a cada uno; por contradictoria que la misma parezca. Al igual que sucede en la regeneración, así también en la santificación el Espíritu tiene propósitos irresistibles, y lleva a cabo con exactitud aquello que desea. En este campo es como el viento que sopla de donde quiere. Pero, al mismo tiempo, si bien el hombre no es responsable por la acción del Espíritu en su nuevo nacimiento —en la regeneración— si lo es totalmente en relación con la acción santificadora posterior de la tercera persona de la Trinidad.

Lo primero que habría que advertir acerca de la responsabilidad del hombre respecto al incremento de la presencia del Espíritu en su vida es que Dios le ha dado medios para luchar por esa meta. Uno de dichos medios es la fe. Con un deseo intenso y la oración constante por la santificación y la presencia de Cristo y del Espíritu Santo, y con la esperanza confiada y firme de que Dios responderá a esa oración, la persona quedará bajo un dominio más pleno de Cristo y del Espíritu en su vida.

Todas las bendiciones del cristianismo nos vienen por medio de la fe sola. Somos justificados por la fe en Cristo como Salvador nuestro; y no menos somos santificados por la fe en Cristo, como Salvador nuestro, de la culpabilidad de nuestros pecados. No comenzamos con la fe solo para luego ser perfeccionados por la ley (Gá. 3:1-5). La genialidad de la Biblia —tal como la ha entendido el protestantismo histórico— es que toda bendición espiritual se obtiene únicamente por la fe. Cristo no es solo nuestra Redención sino también nuestra Santificación (1 Co. 1:30). Él reveló a Pablo, camino de Damasco, que los santos reciben "por la fe que es en mí [Jesús], perdón de pecados y herencia entre los santificados" (Hch. 26:18).

Asimismo, la presencia más plena del Espíritu de santificación no se recibe por obras sino por la fe. Sabemos por Gálatas 3:14 que Cristo fue hecho maldición por nosotros, "a fin de que por la fe recibiésemos la promesa del Espíritu". En Juan 7:38,39 leemos: "El que cree en mí [en Jesús], como dice la Escritura, de su interior correrán ríos de agua viva. Esto dijo del Espíritu". Hay, pues, una relación directa entre la fe y la presencia del Espíritu Santo. Cuanto mayor sea nuestra fe, tanto mayor será en nosotros la presencia del Espíritu y la subsiguiente santificación.

Además, sabemos que las tres personas de la Trinidad son inseparables, aun en el asunto de su presencia en los cristianos. Dondequiera que esté el Espíritu de Cristo, allí también está Cristo mismo (Ro. 8:9); y donde Cristo hace su morada, también la hace el Padre (Jn. 14:23). Debido a esta inseparabilidad, las tres personas vienen a morar en el corazón del cristiano por los mismos medios; y como sabemos, es por fe que Cristo mora en nosotros más abundantemente, lo cual significa que lo mismo hace el Espíritu.

Que Cristo mora en nosotros más abundantemente por la fe se puede ver en Efesios 3:17, donde Pablo ora por los efesios para que Cristo more en sus corazones por medio de la fe. Esta morada no tenía como fin la regeneración, porque los efesios a los que Pablo escribía ya estaban regenerados y poseían a Cristo en su corazón: ellos eran, después de todo, "los santos y fieles en Cristo Jesús que están en Éfeso" (Ef. 1:1). Sin embargo, Pablo ora para que Cristo habite en ellos por la fe. La conclusión ineludible es que la fe es el medio por el cual Cristo viene a nuestra vida de una manera más abundante después de la regeneración. Si esto es así, entonces, debido a la inseparabilidad de las personas de la Trinidad, el Espíritu también viene a nuestra vida en forma más plena por la fe. Si podemos incrementar la presencia de Cristo mediante la fe, entonces podemos aumentar también aquella del Espíritu de la misma manera. Porque donde está Cristo está igualmente el Espíritu.

Otra condición para el aumento de la presencia de Dios e nuestras vidas se encuentra en las palabras de Jesús: "El que me ama, mi Palabra guardará; y mi Padre le amará, y vendremos a él, y haremos morada con él" (Jn. 14:23). La primera condición que menciona —a saber, el amor hacia Él— incluye, desde luego, la fe. Pero hay una segunda condición, o quizá una extensión de la primera, que es el guardar su Palabra; es decir, hacer su voluntad y ser santo. En otras palabras, si después de la regeneración seguimos creyendo y no vivimos en el pecado, entonces Cristo y el Padre —y por consiguiente el Espíritu Santo— harán su morada en nosotros de manera más plena. Así, pues, la presencia más completa del Espíritu depende en parte de nuestra fe y nuestra santidad.

No solo son necesarias la fe y la santidad para tener una presencia mayor del Espíritu, sino que la actividad del mismo disminuirá si se dan actos de rebelión por nuestra parte. Esto lo indica Jesús cuando afirma que si el hombre lo ama y guarda su Palabra, Él y el Padre harán morada con Él. En otras palabras, si el hombre no guarda su Palabra, sino que peca, no morarán dentro de él.

Además, Pablo dice: "No apaguéis al Espíritu" (1 Ts. 5:19). Y no se refiere solo a los dones especiales del Espíritu —tales como el don de milagros, el de lenguas o el de profecía, que se mencionan en el versículo siguiente—; es más probable que haga referencia a la acción más general del Espíritu en su operación santificadora. Se debe recordar que es imposible apagar totalmente al Espíritu, porque una vez salvados siempre somos salvos. Sin embargo, sí resulta posible echar agua al Espíritu de fuego con el pecado constante y la falta de arrepentimiento y de fe, no avivando las chispas de vida que el Espíritu Santo nos ha dado. De este modo se le contrista, se le entristece (Ef. 4:30; Is. 63:10). Estamos ante un lenguaje antropomórfico, ante un hablar de Dios según la manera humana. Pero este indica que se puede entristecer y provocar al Espíritu, con el resultado de que su influencia en nosotros sea menos intensa, y que la unión que tenemos con Él no resulte tan fuerte como debería.

Esta es una arma de doble filo: podemos incrementar la presencia del Espíritu con la fe y la santidad, pero también nos es posible impedir esa presencia mediante la falta de fe y con el pecado.

He aquí, pues, nuestra responsabilidad para con el Espíritu Santo. Dios ha ordenado que haya una relación directa entre nuestra fe y nuestra santidad por un lado, y la presencia cada vez mayor del Espíritu Santo por otro. El Espíritu morará en nuestro corazón en proporción exacta con la fe que pongamos en Él. Cuanta más fe tengamos, tanto más vendrá Él a nuestra vida. No hemos de ser pasivos, como sucede necesariamente en la regeneración, antes bien, Dios nos manda que seamos muy activos. Tenemos que buscar una presencia más plena del Espíritu. Si no acudimos a Dios y oramos al Espíritu, no lo recibiremos en una medida más abundante; porque Dios ha establecido la norma de que la presencia más plena del Espíritu venga por la fe. Si queremos vivir santamente, debemos poseer el manantial de los caudales de la vida; y si queremos ese manantial —esa fuente sobrenatural— entonces hemos de buscar al Espíritu por la fe: ese es el único camino para el triunfo.

Pero alguien podría preguntar: "¿Acaso esto no va en contra de la preordinación que Dios ha establecido para todas las cosas? ¿No hace esto que Dios dependa del hombre, y que el Espíritu dependa de la fe del hombre?". La respuesta es: "¡Pues claro que no! Dios ha preordinado tanto los medios como los fines".

Por ejemplo, la Biblia nos enseña que recibiremos al Salvador solo por la fe. Si rechazamos a Cristo, no podemos salvarnos. La salvación depende de la fe en Cristo. Así también, en cuanto a la oración —hablando en términos generales—, si no pedimos ciertas cosas, no las recibiremos; y si pedimos esas cosas según las normas de la oración, las obtendremos. La razón de que estos dos hechos no contradigan la preordinación absoluta de todas las cosas por parte de Dios es que Dios no solamente ha preordinado los fines, sino también los medios. No solo preordina a una determinada persona para la salvación, sino también que esta haya de que creer en Cristo; no únicamente predetermina ciertos acontecimientos, sino igualmente que tengamos que orar por ellos.

En forma semejante, si queremos recibir la plenitud de la presencia del Espíritu debemos pedirla. Si no lo hacemos así, no recibiremos más abundantemente al Espíritu Santo. La intensidad de la presencia del Espíritu en nosotros dependerá de si lo buscamos con fe o no lo hacemos. Esta es nuestra responsabilidad. Pero si pedimos ese Espíritu y, en consecuencia, lo recibimos en forma más abundante, debemos recordar siempre que fue Dios quien predestinó que orásemos para pedirlo y que fue Él, asimismo, quien envió al Espíritu Santo para que nos hiciera orar. Porque, si bien debemos ocuparnos en nuestra salvación con temor y temblor, si bien podemos recibir una presencia más plena del Espíritu si lo pedimos y no lo entristecemos ni lo agraviamos, esto es así solamente porque "Dios es el que en [nosotros] produce así el querer como el hacer, por su buena voluntad" (Fil. 2:12-13).

Así actúa Dios. Nos manda que hagamos grandes cosas (hasta algunas que son imposibles) y, luego, nos da la capacidad para cumplir aquello que nos manda. Nos manda, por ejemplo, que creamos en Jesucristo; pero con las fuerzas naturales esto es imposible y, en consecuencia, podríamos decir que no podemos hacerlo. Pero entonces Dios, por medio de la regeneración, nos capacita para tener fe en Cristo.

Así también, Dios nos manda que nos llenemos del Espíritu Santo (Ef. 5:18). Pero esto es igualmente imposible de alcanzar por nuestras propias fuerzas. Dios, entonces, nos da una fuerza mayor del Espíritu para que podamos pedir una presencia más plena del mismo. Y como la pedimos, la recibimos más plenamente. Nuestro deber es esforzarnos con todo nuestro empeño por poseerlo. Pero si lo hacemos, es solo porque el Espíritu ya ha estado actuando dentro de nosotros para que oremos y nos esforcemos de ese modo. Dios nos manda una cosa y luego nos da las fuerzas para que la hagamos.

Así, pues, al tratar de definir la responsabilidad del hombre en cuanto a obtener una presencia más rica del Espíritu, vemos que dicha responsabilidad es del cien por cien. Si él no utiliza los medios que Dios le ha dado, no tendrá al Espíritu en más abundancia. Por otra parte, si emplea esos medios, poseerá una medida más generosa del Espíritu Santo. La obligación de buscar esa presencia más plena del Espíritu es completamente del hombre.

Al mismo tiempo, sin embargo, la acción de conceder al Espíritu depende de Dios al cien por cien. Esto no significa que el hombre, por sus propias fuerzas, llega hasta la mitad del camino hacia Dios y que luego Dios le sale al encuentro y lo guía hasta el final de la ruta —eso sería una división de responsabilidades al 50%—; no, es Dios quien lo hace todo: el hombre es responsable al cien por cien y, sin embargo, Dios le da toda la capacidad que tiene para actuar. Este es el Evangelio de la gracia: gracia de principio a fin, y no a medias.

No cabe duda de que muchas de estas cosas resultan difíciles de entender. Entrañan el gran problema de combinar la soberanía divina con la responsabilidad humana. A nosotros nos resulta imposible reconciliar ambas cosas, si bien nuestro Dios infinito sí puede hacerlo. Lo que nosotros podemos hacer es averiguar aquello que la Biblia revela y, luego, dejar el problema en manos de Dios, descansando en esas dos grandes verdades que la Biblia nos enseña.

Pero queremos concluir subrayando una cosa más: la Biblia afirma, sin dejar lugar a dudas, que la fe y la santidad producen una presencia más plena del Espíritu. Si no nos preocupa el poseer esa plenitud, si no la buscamos, si cedemos ante la tentación, no tendremos al Espíritu de Dios en toda su plenitud. Pero si acudimos a Él y se lo pedimos, vendrá a nuestra vida en forma más plena. Claro que será Dios quien nos capacite para hacerlo; sin embargo, si no lo hacemos la culpa será nuestra. Nosotros mereceremos el reproche. En cambio si lo hacemos, la gloria será para Dios. Por consiguiente, apartemos el pecado, deseemos al Espíritu y pidámoslo con fe.

Podemos tener la seguridad de que si lo hacemos así, recibiremos con toda certeza una presencia más plena del Espíritu eterno de Dios. ¿Porque quién de nosotros, cuando su hijo le pide pan, le da una piedra, o si nos pide un huevo, le damos una serpiente? "Pues si vosotros, siendo malos —dice Jesús—, sabéis dar buenas dádivas a vuestros hijos, ¿cuánto más vuestro Padre celestial dará el Espíritu Santo a los que se lo pidan?" (Lc. 11:11-13). "Pedid y se os dará; buscad, y hallaréis; llamad, y se os abrirá" (Lc. 11:9). Pidamos el Espíritu, creamos que lo recibiremos cada vez con mayor abundancia, y así sucederá. Si Cristo nos ha salvado del pecado, no puede haber meta más elevada que esta: el conocer la plenitud de la presencia del Espíritu eterno de Dios.